SOBREPONERSE A

A

DIEZ MANERAS DE FORTALECER TU
MENTALIDAD COMO ADOLESCENTE

I0558001

BOBBY C. COBB JR.

BIOGRAFÍA DEL AUTOR

Conoce a Bobby Cobb: Tu Guía Definitiva Para Superar la Auto-duda y Construir Confianza

Escribí "Supera los Obstáculos: Diez Maneras de Fortalecer Tu Mentalidad Como Adolescente" porque sé lo que es enfrentar dificultades personales y físicas en la adolescencia y cómo pueden afectar la mentalidad. Quiero proporcionar la guía y las herramientas necesarias para que los estudiantes de secundaria y preparatoria que se sienten pesimistas y con ganas de rendirse puedan superar sus desafíos y prosperar con confianza.

Con mi experiencia como servidor público, veterano de la Marina de los EE.UU., CEO y fundador de Cobb Global Outreach (CGO), INC, sobreviviente de una lesión cerebral traumática (TBI) y mentor de jóvenes, mi organización proporciona educación financiera y otorga becas a estudiantes. A través de CGO, he impactado significativamente la vida de muchos jóvenes y comprendo de primera mano sus luchas. Además, con una licenciatura en Sistemas de Información Computacional y una maestría en Administración Pública-Gobierno General, estoy preparado para ayudar a los estudiantes a mejorar su confianza y autoestima.

Te invito a leer "Supera los Obstáculos" y comenzar tu viaje hacia una mayor autoconfianza y una mentalidad más fuerte. Permíteme inspirarte con mis experiencias y ayudarte a alcanzar tus metas.

DEDICACIÓN

Para cada adolescente que ha dudado de su valor o cuestionado su potencial, este libro es para ti.

Para aquellos que luchan en inglés, matemáticas u otra materia y sienten que se están quedando atrás.

Para aquellos que alguna vez fueron subestimados y dijeron que nunca lograrían nada.

Para los que no hablan inglés como primer idioma y enfrentan el desafío de expresarse en un mundo nuevo.

Espero que encuentres la fuerza para superar las dudas, abrazar tu verdadero yo y descubrir la grandeza dentro de ti.

A mi familia y amigos, gracias por su amor y apoyo incondicional. A los mentores y maestros que creyeron en mí cuando yo dudaba de mí mismo, gracias por levantarme cuando más lo necesitaba.

Y a aquellos que han enfrentado desafíos de frente, que su resiliencia inspire a otros a seguir adelante. Son más fuertes, valientes y capaces de lo que creen.

Creo en ti. Sigue adelante. Sigue creciendo.

CONTENIDOS

INTRODUCCIÓN

¡Hola! En primer lugar, déjame decirte que estoy encantada de que hayas decidido comprar una copia de "Rise Above: Ten Ways to Strengthen Your Mindset as A Teenager". Ya has dado el primer paso para mejorar tu mentalidad y te felicito por ello. Créeme, sé que no es fácil tomar esa decisión cuando te sientes deprimido y lleno de dudas. Pero aquí está la cuestión: puedes hacerlo. Y este libro te ayudará en cada paso del camino.

Comencemos por abordar el tema central. No estás sola. Muchas personas experimentan la sensación de fracaso y luchan con la duda sobre sí mismas, especialmente durante la montaña rusa que es la escuela secundaria y preparatoria. Pero aquí tienes la buena noticia: puedes cambiar tu mentalidad y superar esos pensamientos negativos. Y eso es precisamente de lo que trata "Rise Above".

Como fundador de Cobb Global Outreach (CGO) Inc., veterano de la Marina, orador, motivador y alguien que ha superado sus propios desafíos, he llenado este libro con consejos prácticos, sugerencias, trucos y ejemplos para ayudarlo a guiarlo en su camino. Me baso en mis propias experiencias y educación, incluida mi maestría en administración pública en gobierno general de la Universidad Estatal de Columbus y mi experiencia como sobreviviente de una lesión cerebral traumática (LCT), para brindarle las herramientas que necesita para desarrollar confianza y autoestima mientras evita las trampas del pensamiento negativo.

Quiero asegurarle que este libro no se trata de hacerlo sentir culpable por sus pensamientos negativos ni de decirle que "piense en positivo". Se trata de reconocer, desafiar y replantear los pensamientos negativos de una manera que lo prepare para el éxito futuro. Se trata de brindarle las herramientas para desarrollar resiliencia y confianza para que lo ayuden a atravesar sus años escolares y su vida.

Entonces, ¿qué está esperando? Abra la tapa y sumérjase en "Rise Above". Es hora de adoptar una mentalidad que te prepare para una vida de éxito. ¡Tú puedes! Hagámoslo juntos.

CAPÍTULO UNO

COMPARARSE CON LOS DEMÁS

"La única persona que debes tratar de superar es la que eras ayer". – Matty Mullins

Objetivos de aprendizaje

Después de completar este capítulo, podrás:

- ▶ Identificar cuándo estás cayendo en la trampa de la comparación
- ▶ Comprender por qué compararte con los demás obstaculiza el crecimiento personal

> ⯈ Implementar estrategias específicas para enfocarte en tu progreso
> ⯈ Desarrollar técnicas para celebrar tu viaje único
> ⯈ Crear un plan de acción personal para desarrollar la confianza en ti mismo

Introducción

Madison está sentada en su habitación navegando por Instagram, con el corazón hundiéndose con cada deslizamiento. Todos parecen tenerlo todo resuelto: Sarah acaba de ganar otro premio académico, James entró al equipo universitario y el arte de Emma se presentó en una galería local. Con cada publicación, Madison se siente más pequeña, menos realizada y cada vez más insegura sobre su propio valor. ¿Te suena familiar?

Compararnos con los demás es una tendencia humana natural, pero puede volverse abrumadora y destructiva en el mundo hiperconectado de hoy. Este capítulo te ayudará a entender por qué estas comparaciones son dañinas y te brindará estrategias prácticas para liberarte de este hábito.

Los peligros de la comparación

En primer lugar, compararte con los demás puede llevarte a una percepción distorsionada de la realidad. En nuestra era digital, estamos constantemente bombardeados con imágenes cuidadosamente seleccionadas de las vidas de los demás. A menudo olvidamos que estamos comparando nuestras imágenes detrás de escena con las de los demás. Lo que ves en la superficie no suele ser la imagen completa. Las personas muestran sus éxitos y ocultan sus dificultades, haciendo que parezca que todos los demás lo están haciendo mejor que tú. Esto puede llevarte a sentirte inadecuado y a dudar de ti mismo, que son barreras importantes para el crecimiento personal.

Además, cada uno recorre un camino único con sus fortalezas y debilidades. Compararte con los demás puede hacer que no reconozcas tus cualidades únicas y el progreso que has logrado. Esto puede crear una sensación de desesperanza y evitar que reconozcas y celebres tus logros.

La trampa de la mentalidad negativa

Compararte constantemente con los demás puede fomentar una mentalidad negativa. Cuando te concentras en lo que los demás tienen y tú no, se vuelve difícil ver tu propio potencial y las oportunidades que tienes a tu disposición. Esta mentalidad puede conducir a un ciclo de envidia y celos, dañando aún más tus relaciones y obstaculizando tu capacidad de construir una red de apoyo.

Períodos de vulnerabilidad

La escuela secundaria y preparatoria son períodos de cambios y desarrollo importantes. Ya sea que estés haciendo la transición a una nueva escuela, enfrentando desafíos académicos o navegando por dinámicas sociales, estos períodos pueden hacerte sentir inseguro y más susceptible a la comparación. Reconocer estos momentos vulnerables es el primer paso para comprender por qué y cuándo puedes caer en la trampa de la comparación.

Cambiar el enfoque: el camino hacia el crecimiento

La clave para generar confianza y autoestima es centrarse en su propio progreso y crecimiento en lugar de compararse con los demás. Al establecer metas realistas para usted y celebrar sus logros, puede desarrollar una mentalidad positiva y reconocer su recorrido único.

Establecer metas alcanzables

Comience por establecer metas pequeñas y alcanzables. Estas pueden ser académicas, sociales o personales. Puede lograr un progreso constante y generar impulso al dividir las metas más grandes en pasos más pequeños.

Celebre cada hito, sin importar cuán pequeño sea, para reforzar una sensación de logro y aumentar su confianza.

Rodearse de positividad

La compañía que frecuenta desempeña un papel importante en la formación de su mentalidad. Rodéese de influencias positivas que lo apoyen y alienten. Busque mentores y modelos a seguir que puedan brindarle orientación e inspiración. Evite a quienes constantemente lo hacen sentir inferior o indigno.

Aceptar su recorrido único

Recuerde que su recorrido es exclusivamente suyo. Cada uno progresa a su propio ritmo, y respetar su propio camino es importante. Acepta tus fortalezas y trabaja en tus debilidades sin compararte con los demás. Tu valor no está determinado por cómo te comparas con los demás, sino por tu crecimiento y la persona en la que te estás convirtiendo.

Pasos prácticos para implementar esta mentalidad

1. Reflexiona sobre tus logros: reflexiona sobre tus logros hasta ahora. Escribe tus logros y reconoce el trabajo duro y la dedicación que te llevó alcanzarlos.

2. Establece metas personales: establece metas claras y realistas para ti mismo. Concéntrate en las áreas de mejora y crea un plan para alcanzarlas. Haz un seguimiento de tu progreso y ajústalo según sea necesario.

3. Practica la gratitud: lleva un diario de gratitud donde escribas regularmente las cosas por las que estás agradecido. Esta práctica puede cambiar tu enfoque de lo que te falta a lo que tienes, fomentando una perspectiva más positiva.

4. Busca retroalimentación: la retroalimentación constructiva de profesores, entrenadores y mentores puede proporcionar información valiosa sobre tu progreso y áreas de mejora. Usa esta retroalimentación para crecer y desarrollarte más.

5. Limite la exposición a las redes sociales: las redes sociales pueden ser un caldo de cultivo para las comparaciones. Limite la exposición a estas plataformas y recuerde que lo que ve en línea es a menudo un resumen de lo más destacado, no la historia completa.

Superar los errores del pasado

Si se encuentra atrapado en la trampa de la comparación, es esencial reconocer que todos cometemos errores y que nunca es demasiado tarde para cambiar su mentalidad. Estos son los pasos que puede seguir para superar este hábito:

1. Reconozca el patrón: reconozca cuándo y por qué se compara con los demás. Comprender los desencadenantes puede ayudarlo a abordarlos de manera más eficaz.

2. Reformule los pensamientos negativos: cuando se dé cuenta de que se compara, reformule el pensamiento centrándose en su progreso y en lo que puede hacer para mejorar.

3. Busque ayuda profesional: si la comparación y la duda sobre sí mismo afectan significativamente su salud mental, considere hablar con un consejero o terapeuta que pueda brindarle estrategias para afrontarlos y desarrollar la autoestima.

Consejo n.º 1

Compararse con los demás es un hábito común pero perjudicial que puede obstaculizar su crecimiento y confianza personal. Si cambia su enfoque hacia su progreso y desarrollo, establece metas realistas y se rodea de una actitud positiva, podrá superar las dudas sobre sí mismo y desarrollar una mentalidad más fuerte y resiliente. Recuerde que su recorrido es único y que su valor es inherente. Acepte su camino, celebre sus logros y luche por la excelencia personal.

Preguntas para la reflexión:

1. ¿Qué desencadena sus pensamientos de comparación?
2. ¿Cómo puede celebrar sus cualidades únicas?
3. ¿Qué cambiaría si dejara de compararse con los demás?
4. ¿Cómo puede apoyar a los demás mientras se concentra en su propio crecimiento?
5. ¿Qué estándares personales le harían sentir orgulloso de alcanzar?

Resumen del capítulo

▷ Compararse con los demás puede generar sentimientos de incompetencia y una mentalidad negativa.

▷ Concéntrese en su propio progreso y crecimiento para desarrollar la confianza y la autoestima.

▷ Establezca metas realistas, reflexione sobre sus logros y practique la gratitud.

▷ Rodéese de influencias positivas y busque comentarios constructivos.

▷ Supere los errores del pasado reconociendo patrones, replanteando los pensamientos negativos y buscando ayuda profesional.

Si adopta estos principios, podrá afrontar con confianza los desafíos de la escuela secundaria y preparatoria y emerger más fuerte, listo para alcanzar su máximo potencial. Sin embargo, obsesionarse con los fracasos pasados puede obstaculizar su potencial de crecimiento y progreso.

Exploremos el impacto de obsesionarse con los fracasos pasados y cómo superar este error común en la búsqueda de la superación personal. Siga leyendo para descubrir cómo superar este obstáculo y continuar el camino hacia el éxito.

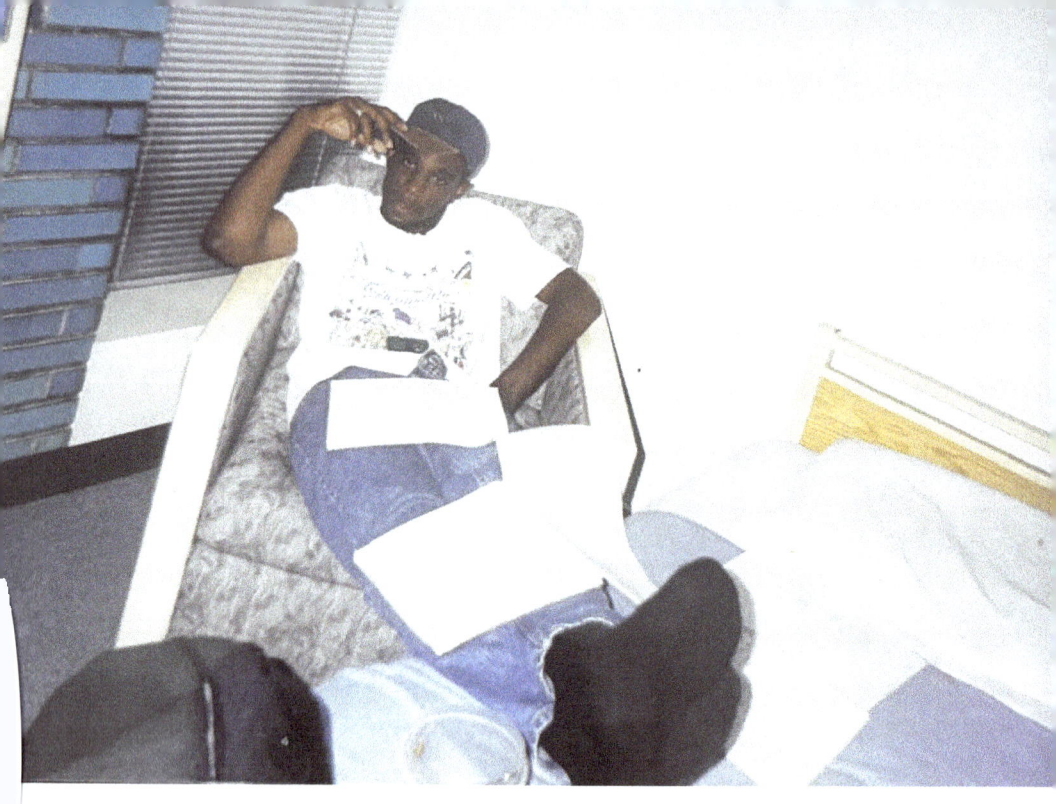

CAPÍTULO DOS

REFLEXIONANDO SOBRE LOS FRACASOS DEL PASSADO

"El éxito no es definitivo, el fracaso no es fatal: lo que cuenta es el coraje para continuar". - Winston Churchill

Objetivos de aprendizaje

Después de completar este capítulo, podrá:

▷ Comprender la diferencia entre aprender del fracaso y quedarse estancado en él

- Identificar patrones de diálogo interno negativo relacionados con errores pasados
- Desarrollar la resiliencia al replantear los fracasos como oportunidades de aprendizaje
- Implementar estrategias específicas para superar los reveses
- Crear una respuesta orientada al crecimiento para los desafíos futuros

Introducción

James mira su última calificación de C en el examen y siente que se le encoge el estómago. No tuvo el rendimiento que esperaba a pesar de estudiar durante horas. En lugar de pensar en cómo mejorar para el próximo examen, su mente repasa rápidamente una serie de momentos destacados de cada decepción académica que ha experimentado. "No soy lo suficientemente inteligente", piensa. "¿Para qué intentarlo?"

Muchos estudiantes se encuentran atrapados en un ciclo de estancamiento en los fracasos pasados. Sin embargo, la forma en que interpretamos y respondemos a los reveses puede afectar significativamente nuestro éxito futuro. Este capítulo le ayudará a transformar su relación con el fracaso y desarrollar resiliencia.

Por qué obsesionarse con los fracasos pasados es un error

Obsesionarse con los fracasos pasados mantiene a los estudiantes estancados en una mentalidad negativa. Cuando se centran constantemente en sus fracasos, no pueden ver su potencial y las oportunidades de crecimiento y éxito que tienen ante sí. Esto puede conducir a una espiral descendente de dudas y baja autoestima, lo que hace que sea aún más difícil liberarse del ciclo del fracaso.

Falta de resiliencia y habilidades de afrontamiento

Los estudiantes se obsesionan con los fracasos pasados porque pueden carecer de la resiliencia y las habilidades de afrontamiento necesarias para recuperarse. En lugar de ver el fracaso como una oportunidad de aprendizaje, lo ven como un reflejo de sus habilidades y su valor. Esto puede conducir a sentimientos de incompetencia e impotencia, lo que perpetúa aún más una mentalidad negativa.

Mentalidad fija

Otra razón por la que los estudiantes tienen dificultades para pensar en los fracasos pasados es que pueden tener una mentalidad fija. Esto significa que creen que sus habilidades y talentos son inmutables y no pueden cambiar ni mejorar. Cuando experimentan un fracaso, lo ven como una evidencia de sus limitaciones en lugar de una oportunidad para crecer y aprender.

Entendiendo la mentalidad fija

Una mentalidad fija es la creencia de que sus habilidades, inteligencia y talentos son rasgos estáticos que no se pueden desarrollar ni mejorar con el tiempo. Esta perspectiva sugiere que nacemos con una cierta cantidad de inteligencia o talento, y ninguna cantidad de esfuerzo puede cambiar eso. Las personas con una mentalidad fija tienden a evitar los desafíos, se dan por vencidos rápidamente y ven el esfuerzo como infructuoso porque creen que sus capacidades están predeterminadas.

El impacto de una mentalidad fija en los estudiantes

Una mentalidad fija puede ser particularmente dañina para los estudiantes de secundaria y preparatoria. Cuando se enfrentan a fracasos o reveses, pueden interpretar estas experiencias como un reflejo de sus limitaciones inherentes. En lugar de ver el fracaso como una oportunidad para aprender y crecer, lo ven como una prueba de que carecen de las habilidades o la inteligencia necesarias para tener éxito.

Esta creencia puede conducir a:

Evitar los desafíos: los estudiantes con una mentalidad fija pueden evitar tareas nuevas y difíciles porque temen al fracaso y no quieren exponer sus debilidades percibidas. Esta evasión les impide desarrollar nuevas habilidades y obtener experiencias valiosas.

Percepción negativa de uno mismo: experimentar el fracaso puede reforzar creencias negativas sobre uno mismo. Los estudiantes pueden verse a sí mismos como incapaces o "no lo suficientemente inteligentes", lo que puede erosionar su autoestima y confianza con el tiempo.

Falta de esfuerzo: si los estudiantes creen que el esfuerzo no mejorará sus habilidades, es menos probable que se esfuercen lo suficiente para mejorar. Esto puede conducir a un bajo rendimiento académico y a la pérdida de oportunidades de crecimiento.

Mayor ansiedad y estrés: el miedo al fracaso y la presión para demostrar su valía pueden generar ansiedad y estrés importantes. Los estudiantes pueden sentir que deben demostrar constantemente su valor, lo que lleva al agotamiento y al agotamiento emocional.

Cambiar a una mentalidad de crecimiento

Para contrarrestar los efectos negativos de una mentalidad fija, es esencial cultivar una mentalidad de crecimiento. Una mentalidad de crecimiento es la creencia de que las habilidades y la inteligencia se pueden desarrollar a través de la dedicación, el trabajo duro y la perseverancia.

Adoptar una mentalidad de crecimiento implica:

Ver los desafíos como oportunidades: en lugar de evitar las tareas extenuantes, los estudiantes con una mentalidad de crecimiento ven los desafíos como oportunidades para aprender y crecer. Entienden que superar los obstáculos puede conducir al desarrollo personal y a la mejora de las habilidades.

Aceptar el esfuerzo: el esfuerzo se ve como un camino hacia la maestría. Los estudiantes reconocen que el trabajo duro y la persistencia son factores clave para lograr el éxito y están dispuestos a invertir el tiempo y la energía para mejorar.

Aprender de la crítica: la retroalimentación constructiva es bienvenida como una herramienta valiosa para el crecimiento. Los estudiantes con una mentalidad de crecimiento utilizan la crítica para identificar áreas de mejora y hacer los ajustes necesarios.

... Esto refuerza la idea de que el trabajo duro y la perseverancia son valiosos y prácticos.

1. Aprende de los errores: considera los errores como oportunidades para aprender. Reflexiona sobre lo que salió mal, lo que puedes hacer de manera diferente la próxima vez y cómo aplicar estas lecciones a desafíos futuros.

2. Busca retroalimentación: pide retroalimentación a maestros, compañeros y mentores. Usa esta retroalimentación para identificar áreas de mejora y orientar tus esfuerzos hacia el crecimiento.

3. Rodéate de personas orientadas al crecimiento: interactúa con personas con una mentalidad de crecimiento que apoyen tus esfuerzos por aprender y mejorar. Las influencias positivas pueden reforzar tu compromiso con el desarrollo personal.

Al cambiar de una mentalidad fija a una mentalidad de crecimiento, los estudiantes pueden transformar su enfoque a los desafíos y reveses. Este cambio de perspectiva fomenta la resiliencia, alienta el aprendizaje continuo y, en última instancia, conduce a una mayor confianza y éxito en los esfuerzos académicos y personales.

Ejemplo real de una mentalidad fija

Conoce a Emily: una estudiante que lucha con una mentalidad fija

Emily es una estudiante de segundo año de secundaria que siempre se ha considerado una "persona de matemáticas". En la escuela secundaria, se destacó en matemáticas y obtuvo las mejores calificaciones con un mínimo esfuerzo. Sin embargo, las matemáticas de la escuela secundaria han demostrado ser mucho más desafiantes para ella.

Enfrentando un desafío

En su segundo año, Emily está inscrita en una clase de álgebra avanzada. Los conceptos son más complejos y el ritmo es más rápido de lo que está acostumbrada. Por primera vez, Emily lucha por mantenerse al día con el material. Reprobó su primer examen importante y obtuvo una puntuación significativamente menor de la que esperaba. Esta experiencia es un golpe para su autoestima.

La respuesta de la mentalidad fija

Como Emily tiene una mentalidad fija, interpreta este fracaso como una señal de que no es tan buena en matemáticas como pensaba. Su diálogo interno es algo así como esto:

> ⏩ "Simplemente no soy lo suficientemente inteligente para manejar este nivel de matemáticas".

⏩ "Nunca antes tuve que trabajar tan duro; tal vez no estoy hecha para esto".

⏩ "Si fuera buena en matemáticas, no tendría tantos problemas".

Estos pensamientos hacen que Emily se sienta ansiosa y desanimada. En lugar de buscar ayuda o probar diferentes estrategias de estudio, evita las tareas de matemáticas y se desvincula de las discusiones en clase. No hace preguntas porque teme parecer tonta frente a sus compañeros. Sus calificaciones siguen bajando, lo que refuerza su creencia de que no puede tener éxito en matemáticas avanzadas.

Consecuencias de una mentalidad fija

La mentalidad fija de Emily tiene varias consecuencias negativas:

Evita el esfuerzo: Emily deja de hacer el esfuerzo necesario porque cree que no hará ninguna diferencia. Su miedo a confirmar sus deficiencias percibidas la hace reacia a intentarlo.

Falta de mejora: las habilidades de Emily se estancan sin esfuerzo y sin la voluntad de buscar ayuda. Emily pierde oportunidades de aprender y crecer.

Disminución de la confianza: su confianza en sí misma se desploma a medida que se convence cada vez más de que no puede tener éxito en matemáticas.

Aumento de la ansiedad: el estrés y la ansiedad sobre sus limitaciones percibidas hacen que el proceso de aprendizaje sea aún más desafiante y desagradable.

El cambio a una mentalidad de crecimiento

Para ayudar a Emily a cambiar a una mentalidad de crecimiento, su maestra y sus padres la alientan a ver el fracaso como una oportunidad de aprendizaje en lugar de un reflejo de sus habilidades. Así es como la apoyan:

1. Replantear el fracaso: la maestra de Emily explica que el fracaso es una parte natural del proceso de aprendizaje y que todos luchan con material nuevo y desafiante. La alientan a ver los errores como oportunidades para aprender.

2. Celebrar el esfuerzo: los padres de Emily la elogian por el esfuerzo que pone en estudiar y le recuerdan que el trabajo duro y la perseverancia son vitales para dominar materias complejas. Celebran las pequeñas mejoras y el progreso en lugar de solo las buenas calificaciones.

3. Proporcionar recursos: la maestra de Emily ofrece recursos adicionales, como sesiones de tutoría, tutoriales en línea y grupos de estudio. La alientan a hacer preguntas y participar activamente en clase.

4. Establecer metas de aprendizaje: en lugar de centrarse únicamente en las calificaciones, Emily establece metas específicas metas de aprendizaje, como comprender un concepto en particular o mejorar sus habilidades para resolver problemas. Este cambio la ayuda a concentrarse en el proceso en lugar de solo en el resultado.

5. Modelo de mentalidad de crecimiento: Su maestra y sus padres comparten sus experiencias con el fracaso y cómo superaron los desafíos a través de la perseverancia y el aprendizaje. Esto ayuda a Emily a ver que luchar es normal y que el crecimiento es posible.

Resultado

Con el tiempo, Emily comienza a adoptar una mentalidad de crecimiento. Comienza a ver que el esfuerzo conduce a la mejora y que sus habilidades pueden desarrollarse con trabajo duro. Se vuelve más dispuesta a buscar ayuda y probar nuevas estrategias de estudio. Sus calificaciones mejoran gradualmente, pero lo más importante es que gana confianza en el aprendizaje y el crecimiento.

Al cambiar de una mentalidad fija a una mentalidad de crecimiento, Emily transforma su enfoque de los desafíos y los reveses. Se vuelve más resiliente, dispuesta a tomar riesgos y motivada para lograr sus metas. Este cambio mejora su desempeño en matemáticas y la prepara para el éxito a largo plazo en otras áreas de su vida.

Miedo al fracaso

El miedo al fracaso es una emoción común y poderosa que puede afectar significativamente la mentalidad y el comportamiento de un estudiante. Este miedo a menudo hace que los estudiantes se obsesionen con los errores pasados y eviten correr riesgos, lo que frena su crecimiento y éxito. Exploremos este concepto más a fondo.

Por qué el miedo al fracaso es perjudicial

1. Evitación de riesgos:

Experiencias limitadas: los estudiantes que temen al fracaso a menudo evitan probar cosas nuevas o salir de su zona de confort. Esto significa que pierden experiencias valiosas que podrían ayudarlos a aprender y crecer.

Estancamiento: al no tomar riesgos, los estudiantes se quedan dentro de sus capacidades conocidas, lo que limita su desarrollo y dificulta el descubrimiento de nuevos talentos o intereses.

2. Refuerzo negativo:

Ciclo del miedo: cuando los estudiantes evitan los riesgos y aún así experimentan el fracaso, esto refuerza su miedo. Pueden creer que el fracaso es inevitable y que sus esfuerzos son inútiles.

Baja autoestima: la evasión repetida y el refuerzo negativo pueden disminuir la autoestima y la confianza. Los estudiantes comienzan a verse a sí mismos como incapaces, lo que afianza aún más su miedo al fracaso.

3. Oportunidades perdidas:

Crecimiento académico: los estudiantes que temen al fracaso pueden evitar materias desafiantes o clases avanzadas, perdiendo oportunidades de crecimiento y logros educativos.

Actividades extracurriculares: pueden evitar unirse a clubes, equipos deportivos u otras actividades extracurriculares que les permitirían sobresalir y desarrollar nuevas habilidades.

Desarrollo social: el miedo al fracaso también puede afectar las interacciones sociales, ya que los estudiantes pueden evitar hacer nuevos amigos o participar en actividades grupales.

Ejemplo de la vida real del miedo al fracaso

Conozca a Sarah: una estudiante paralizada por el miedo al fracaso

Sarah es una estudiante de tercer año de secundaria que siempre se ha destacado académicamente. Es conocida por sus altas calificaciones y su dedicación a sus estudios. Sin embargo, el miedo al fracaso de Sarah se ha convertido en una barrera importante para su crecimiento y bienestar.

Enfrentando un desafío

Sarah es invitada a unirse al equipo de debate de la escuela, un prestigioso grupo que compite a nivel estatal. Aunque está interesada y sabe que podría ser una gran oportunidad, Sarah está aterrorizada por la posibilidad de fracasar. Le preocupa no tener un buen desempeño y avergonzarse frente a sus compañeros.

La respuesta temerosa

El miedo de Sarah la lleva a rechazar la invitación a pesar de su interés. Su diálogo interno incluye pensamientos como:

- ▶▶ "¿Qué pasa si no soy lo suficientemente buena y fracaso?"
- ▶▶ "Todos pensarán que soy un fraude si cometo un error".
- ▶▶ "No puedo manejar la presión de competir".

Al evitar esta oportunidad, Sarah pierde la oportunidad de desarrollar sus habilidades para hablar en público, aprender a construir argumentos y generar confianza en sus habilidades. Su miedo al fracaso la mantiene atrapada en su zona de confort, lo que refuerza la creencia de que debe evitar situaciones en las que podría fracasar.

Consecuencias del miedo al fracaso

1. Pérdida de oportunidades de crecimiento:

Estancamiento académico: Sarah evita tomar cursos avanzados que podrían resultarle desafiantes y se limita a materias con las que se siente cómoda. Esto limita su desarrollo educativo y su potencial de aprendizaje.

Aislamiento social: Rechaza invitaciones a eventos sociales o clubes donde podría conocer nuevos amigos, lo que le genera sentimientos de soledad y aislamiento.

2. Mayor ansiedad y estrés:

Perfeccionismo: El miedo al fracaso de Sarah contribuye a una actitud perfeccionista, donde siente una inmensa presión para desempeñarse impecablemente en todo lo que hace. Esto le genera estrés y ansiedad crónicos.

Procrastinación: A menudo posterga tareas y proyectos porque teme que no sean perfectos. Esto solo aumenta sus niveles de estrés e impacta en su desempeño.

3. Refuerzo de creencias negativas:

Baja autoestima: Cada vez que Sarah evita un nuevo desafío, refuerza su creencia de que es incapaz. Su autoestima continúa disminuyendo a medida que se percibe a sí misma como un fracaso.

Falta de resiliencia encia: Al no enfrentar sus miedos, Sarah no desarrolla la resiliencia para enfrentar los reveses y los fracasos. Sigue siendo vulnerable a las experiencias negativas y mal preparada para enfrentar los desafíos futuros.

Cómo abordar el problema de la procrastinación

La procrastinación es un problema común entre los estudiantes de secundaria y preparatoria. Implica retrasar o posponer tareas, a menudo hasta el último minuto, lo que puede generar mayor estrés, bajo rendimiento académico y un impacto negativo en el bienestar general. Examinemos las causas fundamentales y encontremos soluciones para combatir la procrastinación.

Entender la procrastinación

1. Miedo al fracaso:

Miedo paralizante: Los estudiantes pueden posponer las tareas porque temen fallar en una tarea. Este miedo puede ser tan abrumador que les impide comenzar la tarea por completo.

Conducta de evitación: Al retrasar la tarea, evitan temporalmente la ansiedad asociada con el miedo al fracaso. Sin embargo, esto solo aumenta la presión a medida que se acerca la fecha límite.

2. Falta de motivación:

No hay recompensa inmediata: las tareas que no ofrecen recompensas inmediatas pueden ser difíciles de comenzar. Los estudiantes pueden tener dificultades para ver el valor de completar una tarea que no proporciona gratificación instantánea.

Niveles de interés: las tareas percibidas como aburridas o poco interesantes a menudo se posponen en favor de actividades más agradables.

3. Mala gestión del tiempo:

Subestimación del tiempo: los estudiantes a menudo subestiman el tiempo necesario para completar una tarea, lo que lleva a apresurarse a último momento y a un rendimiento inferior al esperado.

Desorganización: la falta de un plan o un cronograma estructurado puede dar lugar a que se olviden las tareas o que no se les dé la prioridad adecuada.

4. Perfeccionismo:

Miedo a la imperfección: los estudiantes con tendencias perfeccionistas pueden posponer las tareas porque temen que su trabajo no cumpla con sus altos estándares. Retrasan el inicio de las tareas con la esperanza de encontrar el momento o las condiciones "perfectas".

Sobrepeso: El deseo de obtener resultados perfectos puede ser abrumador y llevar a evitar tareas por completo.

Consecuencias de la procrastinación

1. Mayor estrés y ansiedad:

Prisa de último minuto: Procrastinar hasta el último minuto crea una prisa frenética por completar las tareas, lo que puede generar mayor estrés y ansiedad.

Falta de sueño: Pasar toda la noche en vela para terminar el trabajo puede generar falta de sueño, lo que puede afectar negativamente la salud y la función cognitiva.

2. Bajo rendimiento académico:

Trabajo mediocre: El trabajo apresurado a menudo carece de calidad, lo que lleva a calificaciones más bajas y un rendimiento académico más bajo.

Plazos incumplidos: La procrastinación crónica puede resultar en plazos incumplidos, lo que afecta gravemente los registros académicos.

3. Impacto negativo en la autoestima:

Sentimientos de fracaso: La procrastinación continua puede generar sentimientos de culpa, fracaso y disminución de la autoestima.

Confianza erosionada: no cumplir con las expectativas repetidamente puede erosionar la confianza de los estudiantes en sus habilidades.

Cómo abordar la procrastinación: estrategias efectivas

1. Divida las tareas en pasos más pequeños:

Fragmentos manejables: divida las tareas más grandes en pasos más pequeños y manejables. Esto hace que la tarea parezca menos abrumadora y más accesible para comenzar.

Establezca hitos: cree hitos y celebre los pequeños logros para mantener la motivación.

2. Establezca prioridades y programe:

Cree un plan: desarrolle un plan o cronograma claro que describa lo que se debe hacer y cuándo. Use herramientas como planificadores, calendarios o aplicaciones digitales para realizar un seguimiento de las tareas.

Establezca prioridades: determine qué tareas son las más importantes y abórdelas primero.

3. Elimine las distracciones:

Espacio de trabajo exclusivo: cree un espacio de trabajo exclusivo libre de ruido, redes sociales y otras interrupciones.

Establezca límites: establezca límites para el tiempo de estudio e informe a sus amigos y familiares cuándo no lo van a molestar.

4. Use refuerzos positivos:

Sistema de recompensas: implemente un sistema de recompensas para completar tareas. Para mantener alta la motivación, las recompensas pueden ser pequeñas, como un premio o un descanso.

Diálogo interno positivo: anímese con afirmaciones positivas y recuerde sus éxitos pasados.

5. Busque apoyo:

Compañero responsable: busque un amigo, familiar o mentor que pueda monitorear su progreso.

Ayuda profesional: si la postergación afecta gravemente su vida, considere buscar ayuda de un consejero o terapeuta.

Ejemplo de la vida real de cómo superar la postergación

Conozca a Sarah: una estudiante que lucha contra la postergación

Sarah es una estudiante de segundo año de secundaria que lucha constantemente contra la postergación. A menudo pospone las tareas hasta la noche anterior a la fecha de entrega, lo que la lleva a trabajar apresuradamente y a tener altos niveles de estrés.

Enfrentando el problema

La postergación de Sarah comienza a afectar sus calificaciones y su bienestar mental. Se da cuenta de que necesita hacer un cambio, pero se siente abrumada por la magnitud de sus tareas.

Implementando soluciones

1. Dividir las tareas en pasos más pequeños:

Sarah comienza a dividir sus tareas en tareas más pequeñas. Las divide en pasos para un trabajo de investigación, como seleccionar un tema, investigar, bosquejar, hacer un borrador y revisar.

Se fija metas diarias para completar Completa cada paso, haciendo que la tarea sea menos intimidante.

2. Priorizar y programar:

Sarah crea un cronograma de estudio que describe sus tareas diarias. Prioriza sus tareas más importantes y las aborda primero.

Usa un planificador para llevar un registro de los plazos y establece recordatorios para mantenerse al día.

3. Eliminar distracciones:

Sarah establece un espacio de estudio tranquilo en su habitación, libre de distracciones como su teléfono y las redes sociales.

Establece una rutina de estudio, informando a su familia cuando necesita tiempo ininterrumpido para concentrarse en su trabajo.

4. Usar refuerzo positivo:

Sarah se recompensa con descansos cortos y golosinas después de completar cada tarea. Esto la ayuda a mantenerse motivada y concentrada.

Practica el diálogo interno positivo, recordándose a sí misma su progreso y éxitos pasados.

5. Buscar apoyo:

Sarah le pide a un amigo que sea su compañero de responsabilidad. Se comunican entre sí con regularidad para asegurarse de que están cumpliendo con sus tareas.

También busca la orientación de un consejero escolar para desarrollar mejores estrategias de gestión del tiempo y mecanismos de afrontamiento.

Resultado

Al implementar estas estrategias, Sarah mejora significativamente su capacidad para gestionar tareas y reducir la postergación. Sus niveles de estrés disminuyen y su rendimiento académico mejora. Se siente más en control de su tiempo y está mejor preparada para afrontar los desafíos futuros.

Conclusión

La postergación es común entre los estudiantes de secundaria y preparatoria, pero se puede gestionar de manera eficaz con las estrategias y la mentalidad adecuadas. Al dividir las tareas en pasos más pequeños, priorizar y programar, eliminar las distracciones, utilizar el refuerzo positivo y buscar apoyo, los estudiantes pueden superar la postergación y alcanzar sus metas. Es importante reconocer que superar la postergación requiere paciencia y persistencia. Con determinación y las herramientas adecuadas, los estudiantes pueden desarrollar mejores habilidades de gestión del tiempo, reducir el estrés y mejorar su bienestar general.

Cómo superar el miedo al fracaso

1. Replantear el fracaso:

Oportunidad de aprendizaje: animar a los alumnos a ver el fracaso como una oportunidad de aprendizaje en lugar de como un reflejo de sus capacidades. Destacar que todos fracasamos y que es una parte natural del proceso de aprendizaje.

Mentalidad de crecimiento: promover una mentalidad de crecimiento en la que los alumnos comprendan que las capacidades se pueden desarrollar mediante la dedicación y el trabajo duro.

2. Establecer objetivos realistas:

Pasos progresivos: ayudar a los alumnos a establecer objetivos pequeños y alcanzables que les permitan experimentar el éxito y generar confianza. Celebrar estos éxitos, sin importar lo insignificantes que parezcan.

Desafíos graduales: introducir gradualmente tareas más desafiantes para ayudar a los alumnos a desarrollar resiliencia y adaptarse para manejar situaciones más complejas.

3. Fomentar la toma de riesgos:

Entorno seguro: crear un entorno de apoyo en el que los alumnos se sientan seguros al tomar riesgos y cometer errores. Anímelos a probar cosas nuevas y a salir de su zona de confort.

Refuerzo positivo: Proporcione refuerzo positivo y retroalimentación constructiva para ayudar a los estudiantes a aprender de sus experiencias y sentirse apoyados.

4. Brinde apoyo:

Mentoría: Conecte a los estudiantes con mentores que puedan ofrecer orientación y aliento y compartir sus experiencias con el fracaso y el éxito.

Asesoramiento: Si el miedo al fracaso está afectando significativamente el bienestar de un estudiante, considere recomendar asesoramiento o terapia para abordar la ansiedad subyacente y desarrollar estrategias de afrontamiento.

Resultado

Al abordar el miedo al fracaso y alentar una mentalidad más positiva y orientada al crecimiento, los estudiantes como Sarah pueden comenzar a ver los desafíos como oportunidades en lugar de amenazas. Se vuelven más dispuestos a tomar riesgos, aprender de sus errores y, en última instancia, desarrollar la resiliencia y la confianza para tener éxito académica y personalmente.

Consecuencias de insistir en los fracasos pasados

Las consecuencias de insistir en los fracasos pasados son mucho peores de lo que podría pensar. Cuando los estudiantes creen que son un fracaso y sucumben al pesimismo, puede tener efectos terribles que arruinen la vida. Esta mentalidad puede llevar a una falta de motivación, un bajo rendimiento académico y un impacto negativo en el bienestar mental y emocional.

Potencial limitado

Creer que eres un fracaso limita tu potencial de crecimiento y éxito. Esta mentalidad puede llevar a una profecía autocumplida, donde fracasas porque no crees en ti mismo ni en tus habilidades. Esto también puede llevar a

perder oportunidades e impactar negativamente en las relaciones con amigos, familiares y maestros.

La forma n.º 1 de evitar este error

La mejor manera de evitar pensar en los fracasos pasados es aprender de ellos y usarlos para impulsarte hacia adelante. Este enfoque te permite convertir las experiencias negativas en valiosas oportunidades de aprendizaje y crecer a partir de ellas.

Replantea tu perspectiva sobre el fracaso

Para implementar esto de inmediato, comienza por replantear tu perspectiva sobre el fracaso. En lugar de verlo como un signo de incompetencia, considéralo como un trampolín hacia la mejora. Aprovecha el tiempo Me permite reflexionar sobre lo que salió mal y por qué, e identificar las lecciones que se pueden aprender de la experiencia.

Desarrollar la confianza mediante objetivos alcanzables

A continuación, concéntrese en desarrollar su confianza estableciendo metas pequeñas y alcanzables y trabajando para alcanzarlas. Celebre sus éxitos, sin importar lo pequeños que parezcan, y utilícelos como motivación para seguir avanzando. Rodéese de influencias positivas y busque mentores o modelos a seguir que puedan ofrecerle orientación y apoyo.

Pasos prácticos para implementar esta mentalidad

1. Reflexione sobre sus errores: comprenda qué salió mal y por qué. Identifique las lecciones que puede aprender de la experiencia y cómo puede aplicarlas en el futuro.

2. Establezca metas alcanzables: divida sus metas a largo plazo en pasos más pequeños y manejables. Celebre cada pequeña victoria y utilícela para motivarse a seguir avanzando.

3. Busque influencias positivas: rodéese de amigos, familiares y mentores que lo apoyen y lo puedan alentar y guiar. Evite las influencias negativas que refuercen los sentimientos de fracaso.

4. Practique el autocuidado: participe en actividades que promuevan el bienestar mental y emocional, como el ejercicio, la atención plena y los pasatiempos. Cuidarse puede ayudar a aumentar su confianza y resiliencia.

Superar los errores del pasado

Si ya ha cometido el error de insistir en los fracasos del pasado, es importante reconocer que nunca es demasiado tarde para cambiar las cosas. A continuación, se ofrecen pasos prácticos para superar este hábito:

1. Busque mentores y modelos a seguir: aprenda de las experiencias de quienes han superado desafíos similares. Rodéese de influencias positivas que puedan ayudarlo a cambiar su mentalidad.

2. Practique el autocuidado: desarrolle hábitos saludables que promuevan el bienestar mental y emocional. Esto podría incluir ejercicio, prácticas de atención plena y tiempo con amigos y familiares que lo apoyen.

3. Establezca metas pequeñas: desarrolle confianza estableciendo metas pequeñas y alcanzables y celebrando su progreso. Cada pequeña victoria puede aumentar su autoestima y ayudarlo a desarrollar una perspectiva positiva.

4. Cuestione los pensamientos negativos: reformule los pensamientos negativos de forma más positiva. En lugar de pensar: "No puedo hacer esto", intente pensar: "Puedo aprender y mejorar". Este cambio de mentalidad puede mejorar significativamente la capacidad de superar las dudas sobre uno mismo.

Cómo prevenir errores futuros

Para evitar obsesionarse con los fracasos pasados en el futuro, concéntrese en utilizar los reveses como peldaños para el crecimiento y el progreso. Reconozca los pensamientos negativos cuando surjan, pero luego desafíelos y reformúlelos. Concentrarse en sus fortalezas y éxitos pasados puede construir una base para la confianza y la resiliencia futuras.

Herramientas para hacer el trabajo más rápido, mejor y más fácilmente

Existen varias herramientas disponibles para ayudarte a evitar el error de sentirte un fracasado y, en su lugar, aprender de tus errores y utilizarlos para impulsarte hacia adelante:

1. Afirmaciones positivas: repetir afirmaciones positivas sobre ti puede ayudar a reprogramar tu cerebro para pensar de manera más positiva y desarrollar la confianza en ti mismo.

2. Establecimiento de metas: establecer metas alcanzables y trabajar para lograrlas puede darte una sensación de logro y aumentar tu autoestima.

3. Visualización: visualizarte logrando tus metas y superando obstáculos puede ayudarte a desarrollar la confianza y a concentrarte en resultados positivos.

4. Diario de gratitud: llevar un diario de las cosas por las que estás agradecido puede cambiar tu enfoque de los pensamientos negativos a los aspectos positivos de tu vida, lo que ayuda a desarrollar la resiliencia y la autoestima.

5. Sistema de apoyo: rodearte de personas positivas y comprensivas que creen en ti puede alentarte y ayudarte a superar las dudas sobre ti mismo.

Consejo n.º 1

Este es mi mayor consejo para superar las dudas sobre uno mismo y generar confianza en el futuro: en lugar de detenerse en sus errores y permitir que lo definan, aprenda de ellos y utilícelos para impulsarse hacia adelante. Como estudiante de secundaria o preparatoria, es fácil quedar atrapado en la idea de que el fracaso es permanente y significa una falta de capacidad o valor. Sin embargo, esta mentalidad puede ser increíblemente perjudicial para su crecimiento y potencial.

Aprender de sus errores y usarlos para impulsarlo hacia adelante es importante porque le permite ver el fracaso como una oportunidad de aprendizaje en lugar de un reflejo de su valor. Al comprender qué salió mal y cómo puede mejorar en el futuro, desarrollará resiliencia y confianza en sus habilidades. Este enfoque también lo ayuda a desarrollar una mentalidad de crecimiento, que es esencial para el éxito académico y en la vida.

Lo aliento a que tome acción sobre lo que aprendió en este capítulo cambiando su perspectiva sobre el fracaso. Acéptelo como una oportunidad para aprender y crecer en lugar de una señal de incompetencia. A medida que cambie su mentalidad, estará más dispuesto a asumir riesgos y perseguir sus objetivos con confianza, sabiendo que cada error es simplemente un paso más en su camino hacia el éxito.

Preguntas de reflexión:

1. ¿Cómo ha afectado a tus decisiones el hecho de pensar en los fracasos pasados?
2. ¿Qué intentarías si no tuvieras miedo de fracasar?
3. ¿Cómo puedes apoyarte mejor en tiempos difíciles?
4. ¿Qué recursos podrían ayudarte a superar los obstáculos actuales?
5. 5. ¿Cómo podría tu enfoque del fracaso afectar tu éxito futuro?

Resumen del capítulo

▶ Usa la duda y el fracaso como peldaños para el crecimiento
▶ Reconoce y cuestiona los pensamientos negativos
▶ Céntrate en las fortalezas y los éxitos pasados

▶ Replantea la perspectiva y aprende de los errores

▶ Los reveses y los desafíos son parte del viaje, pero no te definen

Como hemos comentado, es esencial aprender de nuestros errores y utilizarlos como combustible para el crecimiento. Sin embargo, es igualmente vital evitar establecer expectativas poco realistas para nosotros mismos, algo que analizaremos en el próximo capítulo. Para asegurar un progreso sostenible, sigue leyendo para descubrir cómo superar este error común y continuar tu camino hacia el éxito.

CAPÍTULO TRES

ESTABLECER EXPECTATIVAS POCO REALISTAS

"El éxito no es un accidente. Es el resultado de tu actitud, y tu actitud es una elección. Por lo tanto, el éxito es una cuestión de elección y no de casualidad". - Shiv Khera

Objetivos de aprendizaje

Después de completar este capítulo, podrás:

▷ Identificar expectativas poco realistas en tu vida académica y personal

➤ Comprender la diferencia entre metas desafiantes y demandas poco realistas

➤ Desarrollar estrategias para establecer metas alcanzables

➤ Crear enfoques equilibrados para la superación personal

➤ Implementar métodos para celebrar el progreso y las pequeñas victorias

Introducción

Rachel se sienta en su escritorio a altas horas de la noche, rodeada de libros de texto y materiales de estudio. A pesar de mantener un promedio de calificaciones de 4.0, participar en tres deportes universitarios y liderar varios clubes escolares, siente que no está haciendo lo suficiente. Su reciente B+ en un examen de química, aunque sigue siendo una calificación excelente, la ha llevado a cuestionar sus habilidades. "Debería ser capaz de hacer todo a la perfección", piensa. "¿Por qué no puedo con todo?"

Establecer expectativas altas puede impulsarnos a lograr grandes cosas, pero cuando estas expectativas se vuelven poco realistas, pueden provocar agotamiento, ansiedad y disminución de la autoestima. Este capítulo te ayudará a lograr un equilibrio entre objetivos ambiciosos y expectativas sostenibles.

Por qué establecer expectativas poco realistas es un error

Establecer expectativas poco realistas puede ser perjudicial por varias razones. Cuando estableces metas demasiado altas o inalcanzables, te preparas para el fracaso. Este ciclo puede llevarte a dudar de ti mismo y a un sentimiento persistente de incompetencia.

Conduce a un ciclo de fracaso

Cuando fracasas constantemente en alcanzar tus metas demasiado ambiciosas, refuerzas la creencia de que no eres capaz. Esto puede llevarte a una falta de motivación, ya que comienzas a creer que, sin importar cuánto te esfuerces, nunca tendrás éxito. Esta mentalidad puede ser paralizante, impidiéndote asumir nuevos desafíos o probar cosas nuevas.

Impacta negativamente en la salud mental

Sentir constantemente que no estás cumpliendo con las expectativas puede tener graves efectos negativos en tu salud mental. Puede provocar estrés crónico, ansiedad e incluso depresión. La presión para cumplir con estos estándares poco realistas puede dificultar que disfrutes de tus logros, sin importar cuán significativos puedan ser.

Razones por las que los estudiantes establecen expectativas poco realistas

Los estudiantes de secundaria y preparatoria que luchan con el pesimismo y los sentimientos de fracaso a menudo establecen expectativas poco realistas por algunas razones clave:

Presión de fuentes externas

Los estudiantes a menudo sienten una inmensa presión de sus padres, maestros y compañeros para sobresalir en todas las áreas. Esta presión puede empujarlos a establecer metas que están más allá de sus capacidades actuales, en un esfuerzo por cumplir con estas altas expectativas.

Miedo al fracaso

Para algunos, establecer metas poco realistas es una forma de protegerse del miedo al fracaso. Al establecer el listón tan alto, pueden racionalizar su fracaso como algo inevitable en lugar de un reflejo de sus habilidades reales.

Perfeccionismo

Los perfeccionistas creen que cualquier cosa que no sea perfecta es inaceptable. Esta mentalidad los lleva a establecer metas inalcanzables, lo que garantiza que se esfuercen constantemente por alcanzar un estándar imposible.

Cuando los estudiantes cometen este error

Este error suele ocurrir durante momentos cruciales en la vida académica y social de un estudiante. Por ejemplo, los estudiantes pueden establecer expectativas poco realistas para sus calificaciones, participación extracurricular y relaciones sociales al comienzo de un nuevo año escolar. Además, durante la adversidad, como reprobar un examen o enfrentar un revés, los estudiantes pueden establecer metas poco realistas para compensar en exceso su fracaso percibido.

La importancia de establecer metas alcanzables

En lugar de establecer expectativas poco realistas, los estudiantes deben centrarse en establecer metas alcanzables y celebrar pequeñas victorias. Los estudiantes pueden generar confianza y impulso hacia sus objetivos finales al dividir las metas más grandes en tareas más pequeñas y manejables.

Desarrollar la confianza

Las metas alcanzables proporcionan hitos claros que se pueden alcanzar, lo que ayuda a desarrollar la confianza. Cada pequeña victoria refuerza la creencia de que se puede progresar, lo que puede motivar a seguir trabajando para alcanzar metas más grandes.

Mantener la motivación

Cuando se establecen metas realistas, es más probable que se cumplan. Este éxito puede motivarle, ya que verá evidencia tangible de su progreso. También reduce la probabilidad de agotamiento, ya que no se esforzará constantemente por cumplir estándares imposibles.

Pasos prácticos para implementar esta mentalidad

1. Establezca metas pequeñas y realistas: divida sus objetivos más grandes en pasos más pequeños y manejables. En lugar de obtener calificaciones excelentes en todas las materias, concéntrese en mejorar sus calificaciones en una materia a la vez.

2. Celebre las pequeñas victorias: reconozca y celebre sus logros, sin importar cuán pequeños parezcan. Esto podría ser tan simple como darse un gusto con su refrigerio favorito o tomarse un descanso para hacer algo que disfrute.

3. Realice un seguimiento de su progreso: lleve un diario o una lista de verificación para realizar un seguimiento de su progreso. Ver lo lejos que ha llegado puede motivarlo y brindarle una sensación de logro.

4. Busque apoyo: rodéese de influencias positivas que lo alienten y celebren sus éxitos. Pueden ser amigos, familiares, maestros o mentores que puedan brindarle orientación y apoyo.

5. Practique la autocompasión. Sea amable con usted mismo y reconozca que el progreso lleva tiempo. Los reveses son una parte natural del viaje y no definen su valor ni sus habilidades.

Cómo superar los errores pasados

Si ya ha establecido expectativas poco realistas y se siente un fracasado, debe reconocer que puede cambiar las cosas. Estos son los pasos para superar este hábito:

1. Reflexione sobre sus objetivos: dé un paso atrás y evalúe si sus objetivos son realistas. Ajústelos si es necesario para que sean más alcanzables.

2. Concéntrese en el progreso incremental: cambie su enfoque del objetivo final a los pasos que necesita dar para llegar allí. Celebre cada pequeña victoria que logre en el camino.

3. Cree un sistema de apoyo: busque mentores y modelos a seguir que puedan ofrecerle orientación y aliento. Rodéese de personas que crean en su potencial.

4. Practique el autocuidado. Participe en actividades que promuevan el bienestar mental y emocional. Esto puede ayudar a reducir el estrés y mejorar su perspectiva general.

Prevenir errores futuros

Es fundamental mantener una perspectiva equilibrada para evitar expectativas poco realistas en el futuro. Concéntrese en lo que puede hacer en el presente en lugar de insistir en los fracasos pasados o preocuparse por los resultados futuros. Establecer metas pequeñas y alcanzables y celebrar cada hito puede construir una base para el éxito y el bienestar a largo plazo.

Herramientas para ayudarlo a tener éxito

Varias herramientas pueden ayudarlo a establecer metas alcanzables y celebrar pequeñas victorias:

1. Afirmaciones positivas: comience el día con afirmaciones que refuercen sus capacidades y su valor.

2. Diario de gratitud: lleva un diario de gratitud para cambiar tu enfoque de los pensamientos negativos a los aspectos positivos de tu vida.

3. Ejercicios de autocompasión: practica ser amable contigo mismo y perdonar tus errores.

4. Técnicas de visualización: imagínate logrando tus objetivos y los pasos que debes dar.

5. Recursos de mentalidad de crecimiento: explora libros, podcasts y videos que promuevan una mentalidad de crecimiento y brinden orientación para superar las dudas sobre ti mismo.

Consejo n.º 1

Mi consejo más importante para superar las dudas sobre ti mismo y generar confianza es establecer metas alcanzables y celebrar las pequeñas victorias. Es fácil sentirse abrumado por las presiones y expectativas de la escuela y la vida, pero dividir tus metas en pasos manejables puede marcar una gran diferencia. Celebrar tu progreso, sin importar cuán pequeño sea, refuerza tu creencia en tus habilidades y te mantiene motivado.

Tome medidas estableciendo metas realistas para usted y reconociendo sus logros. Rodéese de personas que lo apoyen, practique la autocompasión y utilice afirmaciones positivas y un diario de gratitud para mantenerse concentrado en su progreso. Recuerde que el éxito es un viaje compuesto de pequeños pasos. Celebrar cada uno de ellos generará la confianza y la resiliencia necesarias para alcanzar sus sueños.

Preguntas de reflexión:

1. ¿Cuáles de sus expectativas actuales podrían ser poco realistas?
2. ¿Cómo ha afectado el perfeccionismo a su bienestar?

3. ¿Cómo sería un enfoque más equilibrado para alcanzar los logros?

4. ¿Quién puede ayudarlo a mantener expectativas realistas?

5. ¿Qué pequeña victoria puede celebrar hoy?

Resumen del capítulo

▶▶ Establezca metas alcanzables y celebre las pequeñas victorias.

▶▶ Concéntrese en el momento presente, no en los fracasos pasados.

▶▶ Genere confianza estableciendo metas pequeñas y alcanzables.

▶▶ Celebre cada hito, sin importar cuán pequeño sea.

▶▶ El éxito se trata del progreso; mantenga una mentalidad positiva y crea en su capacidad para triunfar.

A medida que analizamos la importancia de establecer metas alcanzables y celebrar las pequeñas victorias, descubrimos el poder del autocuidado para mantener un enfoque saludable y equilibrado hacia el éxito. En el próximo capítulo, profundizaremos en el error crucial de descuidar el autocuidado y su impacto en nuestro bienestar general, ofreciendo estrategias valiosas para priorizar nuestras propias necesidades. Siga leyendo para descubrir cómo priorizar el autocuidado puede conducir a un mayor éxito y satisfacción.

CAPÍTULO CUATRO

FALTA DE AUTOCUIDADO

"El cuidado personal no es egoísta. No puedes servir desde un recipiente vacío". - Eleanor Brown

Objetivos de aprendizaje

Después de completar este capítulo, podrás:

- ▶ Reconocer el papel esencial del cuidado personal en el mantenimiento del bienestar mental y físico
- ▶ Identificar signos de agotamiento y estrés
- ▶ Desarrollar una rutina de cuidado personal personalizada

▶ Implementar estrategias para mantener el equilibrio en tu vida diaria

▶ Crear límites que protejan tu bienestar

Introducción

Michael se destaca en sus cursos de nivel avanzado y es el capitán del equipo de debate. Desde afuera, parece tener todo bajo control. Sin embargo, regularmente se queda despierto hasta las 2 a. m. estudiando, se saltea comidas para completar tareas y no ha pasado tiempo con amigos en semanas. A pesar de sus logros, Michael se siente constantemente agotado y cada vez más ansioso. Su historia refleja un desafío común entre los estudiantes de alto rendimiento: descuidar el cuidado personal para perseguir el éxito.

El cuidado personal es la base del logro sostenible y el bienestar personal. Este capítulo le ayudará a entender por qué cuidarse a sí mismo no solo es importante, sino también esencial para el éxito y la felicidad a largo plazo.

Por qué la falta de cuidado personal es un error

Descuidar el cuidado personal es un error importante porque estas actividades son esenciales para mantener el bienestar físico y mental. Cuando ignora sus necesidades básicas, los pensamientos negativos y los sentimientos de fracaso pueden apoderarse fácilmente de usted. Además, descuidar el cuidado personal puede provocar una falta de energía y motivación, lo que dificulta aún más romper el ciclo de la duda sobre uno mismo. Por último, no priorizar el cuidado personal puede provocar efectos negativos a largo plazo tanto en la salud física como en la mental.

Deterioro de la salud física

Cuando no cuida su cuerpo mediante el ejercicio regular y una alimentación saludable, su salud física puede verse afectada. La falta de ejercicio puede provocar una disminución de la energía y la aptitud física, mientras que una mala nutrición puede afectar la salud general y las funciones cognitivas. Ambos pueden contribuir a la sensación de fatiga y a una menor capacidad para afrontar el estrés.

Deterioro de la salud mental

Descuidar el cuidado personal también afecta negativamente a la salud mental. Sin un sueño adecuado, el cerebro no obtiene el descanso que necesita para funcionar correctamente, lo que provoca dificultad para concentrarse, cambios de humor y un mayor estrés. Además, sin las endorfinas que se obtienen con el ejercicio regular, el estado de ánimo puede volverse más hostil y pueden aumentar los sentimientos de ansiedad y depresión.

Razones por las que los estudiantes descuidan el cuidado personal

Existen varias razones por las que los estudiantes de secundaria y preparatoria que son pesimistas y se sienten fracasados cometen el error de descuidar el cuidado personal.

Presiones académicas y sociales

La presión para tener éxito académica y socialmente puede consumir todo el tiempo, dejando poco tiempo o energía para las actividades de cuidado personal. Muchos estudiantes sienten que deben sacrificar su bienestar para cumplir con estas altas exigencias.

Sentimientos de indignidad

Muchos estudiantes que luchan con la duda sobre sí mismos sienten que no merecen priorizar su propio bienestar. Esta mentalidad conduce a un ciclo de negligencia, en el que continuamente ponen sus necesidades en último lugar, lo que refuerza sus sentimientos de incompetencia.

Patrones de pensamiento negativos

Los patrones de pensamiento negativos que acompañan a los sentimientos de fracaso pueden dificultar la apreciación del valor del autocuidado. Cuando uno está atrapado en un círculo vicioso de autocrítica y dudas, puede resultar difícil reconocer que cuidarse a uno mismo es crucial para salir de ese ciclo.

Cuando los estudiantes cometen este error

Los estudiantes tienden a cometer este error cuando se sienten abrumados por las presiones escolares o sociales o cuando atraviesan un momento particularmente difícil. En lugar de priorizar el autocuidado, pueden recurrir a mecanismos de afrontamiento poco saludables, como la postergación, el aislamiento o la autocrítica.

La importancia de priorizar el autocuidado

Los estudiantes deben priorizar el autocuidado en lugar de descuidarlo. Esto significa hacer tiempo para actividades como hacer ejercicio, comer sano y dormir bien, incluso cuando parezca que no hay tiempo que perder. Es esencial reconocer el valor del autocuidado y hacer un esfuerzo consciente para romper con los patrones de pensamiento negativos. Buscar el apoyo de amigos de confianza, familiares o profesionales de la salud mental también puede ser increíblemente útil para superar las dudas sobre uno mismo y generar confianza.

Bienestar físico y mental

Priorizar las actividades de autocuidado ayuda a mantener el bienestar físico y mental. El ejercicio regular libera endorfinas, que mejoran el estado de ánimo y reducen el estrés. Una alimentación saludable proporciona los nutrientes que el cuerpo y el cerebro necesitan para funcionar de manera óptima, mientras que el sueño adecuado es crucial para la función cognitiva y la regulación emocional.

Romper el ciclo de la duda sobre uno mismo

Al cuidar su salud física y mental, construye una base para romper el ciclo de la duda sobre uno mismo. Las actividades de autocuidado aumentan sus niveles de energía, mejoran su estado de ánimo y mejoran su capacidad para afrontar el estrés, lo que facilita el desarrollo de una autoimagen positiva y la construcción de confianza.

Pasos prácticos para implementar esta mentalidad

1. Incorporar ejercicio: Procura incluir al menos 30 minutos de actividad física en tu rutina diaria. Puede ser una sesión de ejercicio en el gimnasio, una carrera al aire libre o incluso una sesión de yoga en casa.

2. Alimentación saludable: Lleva una dieta equilibrada con abundantes frutas, verduras, proteínas magras y cereales integrales. Planifica y prepara comidas y tentempiés saludables para asegurarte de obtener los nutrientes necesarios.

3. Dormir bien: Establece una rutina para la hora de acostarte que te permita dormir de 7 a 9 horas cada noche. Evita las pantallas antes de acostarte y participa en actividades relajantes como leer o meditar para crear un entorno relajante.

4. Buscar apoyo: Rodéate de influencias positivas y relaciones de apoyo. Ponte en contacto con amigos, familiares o mentores que puedan darte ánimo y orientación.

Superar errores pasados

Si ya has cometido el error de descuidar el cuidado personal, es importante reconocer que nunca es demasiado tarde para cambiar las cosas. Estos son los pasos para superar este hábito:

1. Empieza de a poco: incorpora una actividad de cuidado personal a tu rutina diaria. Agrega gradualmente más a medida que te sientas cómodo.

2. Crea un horario: planifica tu día para incluir tiempo para hacer ejercicio, comer de manera saludable y dormir bien. La constancia es clave para que estas actividades se conviertan en una parte habitual de tu vida.

3. Establece metas realistas: concéntrate en metas alcanzables para generar confianza. Por ejemplo, intenta hacer ejercicio tres veces por semana o comer más frutas y verduras.

4. Practica la autocompasión: sé amable contigo mismo y comprende que hacer cambios lleva tiempo. Celebra tu progreso y perdónate por cualquier contratiempo.

Prevenir errores futuros

Para evitar descuidar el cuidado personal en el futuro, prioriza estas actividades en tu rutina diaria. Reconoce su importancia para tu bienestar general y tu éxito. Hacer del cuidado personal un hábito puede generar la resiliencia y la confianza necesarias para enfrentar los desafíos y alcanzar tus metas.

Herramientas para ayudarte a tener éxito

Hay varias herramientas que pueden ayudarte a priorizar el autocuidado y a generar confianza:

1. Afirmaciones positivas: comienza el día con afirmaciones que refuercen tu valor y tus capacidades.

2. Diario de gratitud: lleva un diario de gratitud para cambiar tu enfoque de los pensamientos negativos a los aspectos positivos de tu vida.

3. Ejercicios de autocompasión: practica ser amable contigo mismo y perdonar tus errores.

4. Técnicas de visualización: imagínate triunfando y alcanzando tus metas.

5. Redes de apoyo: busca amigos, familiares o mentores que puedan brindarte aliento y apoyo.

Consejo n.° 1

Mi mayor consejo es priorizar las actividades de autocuidado, como el ejercicio, la alimentación saludable y el sueño adecuado. Cuidar tu bienestar físico y mental puede afectar profundamente tu mentalidad y actitud. Cuando intentas cuidarte a ti mismo, tendrás más claridad, motivación y resiliencia para superar los desafíos. Al invertir en su bienestar, puede construir una base sólida para la confianza en sí mismo y el éxito en el futuro.

Preguntas de reflexión:

1. ¿Cómo ha afectado a su desempeño el descuido del cuidado personal?

2. ¿Qué aspectos del cuidado personal le resultan más desafiantes?

3. ¿Qué prácticas de cuidado personal le aportan más beneficios?

4. ¿Cómo puede priorizar mejor su bienestar?

5. ¿Qué apoyo necesita para mantener hábitos de cuidado personal?

Resumen del capítulo

▷ Priorice las actividades de cuidado personal, como el ejercicio, la alimentación saludable y el sueño adecuado.

▷ Cuidar el bienestar físico y mental es esencial para generar confianza y superar las dudas sobre uno mismo.

▷ Sentirse mejor físicamente ayuda a afrontar los desafíos y los miedos.

▷ Haga del cuidado personal una rutina diaria para aumentar la confianza y disminuir las dudas sobre uno mismo.

▷ Cuidarse a uno mismo es el primer paso para alcanzar el máximo potencial.

Es importante priorizar las actividades de autocuidado para mantener el bienestar general. Sin embargo, no buscar ayuda cuando es necesario también puede tener consecuencias graves para la salud física y mental. En el siguiente capítulo, exploraremos el error de no buscar ayuda para garantizar un enfoque integral del autocuidado.

CAPÍTULO CINCO

NO BUSCAR AYUDA CUANDO LA NECESITAMOS

"Pedir ayuda no es un signo de debilidad, es un signo de sabiduría". - Lori Deschene

Objetivos de aprendizaje

Después de completar este capítulo, podrá:

- ▶ Reconocer cuándo necesita apoyo o asistencia adicional
- ▶ Comprender el valor de buscar ayuda para el crecimiento personal

> ▷ Identificar los recursos adecuados para los diferentes tipos de desafíos

> ▷ Desarrollar estrategias para una comunicación eficaz con mentores y personas que le brinden apoyo

> ▷ Superar las barreras comunes para pedir ayuda

Introducción

Jennifer se sienta sola en la biblioteca de la escuela, mirando fijamente su tarea de cálculo. A pesar de pasar horas estudiando, los conceptos siguen sin estar claros y sus calificaciones siguen bajando. Su maestra ofrece sesiones de ayuda después de la escuela y su amiga sugiere formar un grupo de estudio, pero Jennifer duda en aceptar cualquiera de las dos opciones. "Debería poder resolver esto por mi cuenta", piensa. "Pedir ayuda significa que no soy lo suficientemente inteligente".

Este escenario ilustra una lucha común entre los estudiantes: la renuencia a buscar ayuda cuando enfrentan desafíos. Este capítulo explora por qué buscar apoyo representa fortaleza en lugar de debilidad y proporciona estrategias para construir redes de apoyo efectivas.

Por qué no buscar ayuda cuando se la necesita es un error

No buscar ayuda se debe a la creencia de que pedir ayuda es un signo de debilidad o incompetencia. Esta creencia errónea puede impedir que los estudiantes busquen ayuda, incluso cuando están luchando. En realidad, buscar ayuda muestra fortaleza, coraje y voluntad de aprender y crecer.

Miedo al juicio

Una razón por la que los estudiantes de secundaria y preparatoria que son pesimistas y se sienten fracasados cometen este error es el miedo al juicio. A muchos estudiantes les preocupa que buscar ayuda los haga parecer incapaces o inadecuados a los ojos de los demás, lo que puede paralizarlos y evitar que busquen el apoyo que necesitan desesperadamente.

Falta de confianza

Otra razón de este error es la falta de confianza en los adultos o profesionales. Algunos estudiantes pueden sentir que los adultos o profesionales no comprenderán sus dificultades o no podrán ayudarlos. Esta falta de confianza puede conducir al aislamiento y la desesperanza, ya que los estudiantes luchan por superar sus desafíos solos.

Sentirse abrumado

Por último, los estudiantes pueden cometer este error cuando se sienten abrumados o derrotados. Cuando se enfrentan a sentimientos persistentes de fracaso y pesimismo, los estudiantes pueden convencerse a sí mismos de que ninguna ayuda hará la diferencia. Esta actitud derrotista puede impedirles buscar el apoyo y la orientación que podrían ayudarlos a superar sus desafíos.

La importancia de buscar ayuda

Los estudiantes deben buscar ayuda tan pronto como se sientan abrumados, dudosos o pesimistas. Nunca es demasiado pronto para buscar apoyo, y hacerlo puede evitar que los pensamientos negativos se salgan de control.

Obtener perspectiva

Los estudiantes pueden obtener perspectivas valiosas sobre sus dificultades al buscar ayuda. Los adultos y profesionales de confianza pueden brindar información y consejos que los estudiantes tal vez no hayan considerado, ayudándolos a ver su situación desde una nueva perspectiva.

Aprender estrategias de afrontamiento

Los adultos y profesionales de confianza también pueden enseñarles a los estudiantes estrategias de afrontamiento efectivas para controlar el estrés, superar las dudas sobre uno mismo y desarrollar resiliencia. Estas estrategias pueden empoderar a los estudiantes para enfrentar desafíos futuros con mayor confianza y éxito.

Desarrollar resiliencia

Pedir ayuda también puede ayudar a los estudiantes a desarrollar resiliencia. Al buscar apoyo y aprender a navegar sus luchas, los estudiantes pueden desarrollar las habilidades y la mentalidad necesarias para superar los reveses y seguir avanzando.

Pasos prácticos para implementar esta mentalidad

1. Identificar adultos de confianza: Identifique a los adultos o profesionales en los que confía y respeta en su vida. Puede ser un maestro, un entrenador, un familiar o un consejero.

2. Programar una reunión: Programe un momento para hablar con ellos sobre sus sentimientos de pesimismo y fracaso. Sea honesto acerca de sus luchas y pídales orientación y apoyo.

3. Sea abierto y honesto: durante su conversación, sea abierto y honesto acerca de sus sentimientos y experiencias. Esto ayudará a la persona con la que está hablando a comprender su situación y brindarle el mejor asesoramiento y apoyo posibles.

4. Siga adelante: siga los consejos y la orientación que reciba. Siga los pasos sugeridos para abordar sus desafíos y desarrollar confianza y resiliencia.

Cómo superar los errores pasados

Si ya ha cometido el error de no buscar ayuda cuando la necesitó, es importante reconocer que nunca es demasiado tarde para cambiar las cosas. Estos son los pasos para superar este hábito:

1. Comuníquese ahora: Identifique a un adulto o profesional de confianza y comuníquese con él de inmediato. Explíquele que ha estado luchando y que le gustaría recibir su apoyo y orientación.

2. Desarrolla una red de apoyo: crea una red de personas de confianza a las que puedas recurrir en busca de apoyo en el futuro. Esto puede incluir maestros, consejeros, familiares y amigos.

3. Practica la comunicación abierta: adquiere el hábito de comunicarte abierta y honestamente sobre tus dificultades. Esto te ayudará a construir relaciones más sólidas y garantizar que tengas el apoyo que necesitas cuando surjan desafíos.

4. Busca ayuda profesional si la necesitas: si tienes sentimientos persistentes de fracaso y pesimismo, considera buscar ayuda de un profesional de la salud mental. Ellos pueden brindarte apoyo especializado y estrategias para ayudarte a superar estos sentimientos.

Prevenir errores futuros

Para evitar el error de no buscar ayuda en el futuro, comprométete a buscar apoyo cada vez que te sientas abrumado o con dudas. Reconoce que buscar ayuda es una señal de fortaleza y que está bien pedir apoyo cuando lo necesites.

Herramientas para ayudarle a tener éxito

Hay varias herramientas que pueden ayudarle a priorizar la búsqueda de ayuda y a generar confianza:

1. La terapia cognitivo-conductual (TCC) es una terapia de conversación que le ayuda a identificar patrones de pensamiento negativos y reemplazarlos por pensamientos más positivos y realistas. También puede ayudarle a desafiar sus creencias pesimistas y desarrollar una perspectiva más optimista.

2. Meditación de atención plena: la meditación de atención plena le enseña a estar presente en el momento y a aceptar sus pensamientos y sentimientos sin juzgarlos. Puede ayudarle a dejar de lado el diálogo interno negativo y a cultivar una mayor autocompasión.

3. Establecimiento de objetivos: establecer objetivos realistas y alcanzables puede ayudarle a recuperar el control y el propósito de su vida. Al dividir los objetivos más grandes en pasos más pequeños y manejables, puede generar confianza en su capacidad para tener éxito. 4. Afirmaciones positivas: repetirse afirmaciones positivas a diario puede ayudar a reprogramar su cerebro para que se centre en sus fortalezas y su potencial en lugar de en sus fracasos percibidos.

4. Redes de apoyo: busca amigos, familiares o mentores que puedan brindarte apoyo y aliento. Tener alguien con quien hablar puede marcar una gran diferencia.

Consejo n.° 1

Este es mi mayor consejo si te sientes un fracaso y luchas con la inseguridad: contacta a adultos o profesionales de confianza para recibir apoyo y orientación en lugar de internalizar tus pensamientos y sentimientos negativos. Esto es increíblemente importante porque navegar estos sentimientos en solitario a menudo puede conducir a una espiral de negatividad, que puede ser difícil de superar.

Cuando buscas ayuda, estás dando el primer paso para superar la inseguridad y generar confianza en el futuro. Hablar con alguien en quien confíes o buscar orientación profesional puede brindarte las herramientas y los recursos para trabajar con tus sentimientos y desarrollar una mentalidad más positiva y esperanzadora. Mereces sentirte seguro y apoyado, y al buscar ayuda, te estás permitiendo crear un futuro más brillante y satisfactorio.

Te animo a que tomes acción sobre lo que has aprendido en este capítulo. No temas recurrir a un maestro, consejero escolar o profesional de la salud mental si tienes dudas sobre ti mismo y sentimientos de fracaso. Al buscar apoyo, estás demostrando fortaleza y resiliencia y estás dando un paso importante hacia la construcción de un futuro más brillante y seguro para ti mismo. Mereces sentirte exitoso y realizado, y al buscar ayuda, estás avanzando en la dirección correcta.

Preguntas para la reflexión:

1. ¿Qué te impide buscar ayuda cuando la necesitas?
2. ¿Cómo te ha beneficiado recibir apoyo en el pasado?
3. ¿Qué recursos podrías utilizar de manera más eficaz?
4. ¿Cómo podría ayudar a los demás a mejorar tu propio crecimiento?
5. ¿Qué cambiaría si consideraras que buscar ayuda es una fortaleza?

Resumen del capítulo

▶ Acércate a adultos o profesionales de confianza para recibir apoyo y orientación.

▶ Hablar abiertamente de tus dificultades puede proporcionar perspectivas, consejos y herramientas valiosas.

▶ Recuerda, no estás solo en tu camino.

▷ Aprovecha la oportunidad de buscar apoyo y empoderarte.

▷ Supere el pesimismo y el fracaso con la ayuda de los demás.

Al afrontar situaciones difíciles, es fundamental buscar el apoyo de adultos o profesionales de confianza. Sin embargo, es igualmente importante abordar los efectos nocivos de tener pensamientos y diálogos internos negativos, que analizaremos en el siguiente capítulo. Siga leyendo para descubrir el poder del diálogo interno positivo y su impacto en su bienestar.

CAPÍTULO SEIS

DEJAR QUE LA GENTE HABLE Y PIENSE NEGATIVAMENTE DE SÍ MISMA

"La forma en que te hablas a ti mismo importa. Tu voz interior moldea tu realidad exterior". - Michelle Obama

Objetivos de aprendizaje

Después de completar este capítulo, podrás:

▶▶ Identificar patrones de diálogo interno negativo en tu vida diaria

▶▶ Comprender el impacto del diálogo interno en el crecimiento personal

▶▶ Desarrollar estrategias para transformar pensamientos negativos en constructivos

▶▶ Implementar técnicas para desarrollar la autocompasión

▶▶ Crear hábitos que respalden el diálogo interno positivo

Introducción

Mamás se sienta en su escritorio después de recibir comentarios sobre su ensayo de inglés. A pesar de haber obtenido una B+, su mente se fija en la crítica constructiva. "Soy terrible escribiendo", se dice a sí mismo. "Todos los demás probablemente lo hicieron mejor. Nunca mejoraré". Este monólogo interno representa un desafío común entre los estudiantes: el hábito del diálogo interno negativo que socava la confianza y obstaculiza el crecimiento. El diálogo interno negativo actúa como un crítico interno, que a menudo habla con más dureza de la que cualquier voz externa se atrevería a expresar. Este capítulo explora cómo reconocer, desafiar y transformar estos mensajes internos en un diálogo de apoyo que fomente el crecimiento y la resiliencia.

Por qué es un error hablarse a uno mismo de forma negativa

Hablarse a uno mismo de forma negativa perpetúa un ciclo de baja autoestima y dudas sobre uno mismo. Cuando uno se dice constantemente que no es lo suficientemente bueno y que nunca tendrá éxito, empieza a creerlo. Esto puede impedir que se arriesgue, persiga sus objetivos y alcance el éxito.

Influencias externas

Los factores externos, como la presión de los compañeros, las expectativas sociales o el estrés académico, pueden influir en los estudiantes y provocar dudas sobre sí mismos y un diálogo interno negativo.

Mentalidad fija

Una mentalidad fija, la creencia de que las habilidades y la inteligencia son estáticas, puede llevar a la impotencia y a la falta de motivación, lo que resulta en pensamientos y diálogos internos negativos.

Fracasos pasados

Las experiencias de fracaso o reveses pueden hacer que los estudiantes duden de sí mismos, creando una mentalidad negativa que es difícil de superar.

Cuando los estudiantes cometen este error

Los estudiantes tienden a participar en un diálogo interno negativo cuando se enfrentan a desafíos, reciben críticas o se comparan con los demás. Es fácil caer en la trampa del pensamiento negativo cuando las cosas no van bien, pero es importante reconocer cuándo esto sucede y tomar medidas para superarlo.

La importancia del diálogo interno positivo

En lugar de participar en un diálogo interno y pensamientos negativos, practique la autocompasión y háblese a sí mismo con amabilidad. Desafíe los pensamientos negativos con afirmaciones positivas y recuérdese sus fortalezas y habilidades. Desarrollar una mentalidad de crecimiento, buscar influencias positivas y celebrar el progreso también puede ayudar a superar las dudas sobre uno mismo y generar confianza.

Generar confianza

El diálogo interno positivo puede aumentar significativamente su confianza. Al afirmar sus fortalezas y su potencial, crea una imagen personal más positiva y aumenta su confianza en sus habilidades.

Cómo superar los desafíos

Practicar la autocompasión y usar afirmaciones positivas te ayudará a enfrentar los desafíos con una mentalidad más resiliente y optimista. Este cambio de perspectiva puede hacer que superar obstáculos y alcanzar tus metas sea más fácil.

Pasos prácticos para implementar esta mentalidad

1. Controla tu diálogo interno: presta atención a tu diálogo interno. Detente y reemplaza esos pensamientos con palabras amables y alentadoras cuando te des cuenta de que estás hablando de forma negativa.

2. Practica la autocompasión: trátate a ti mismo como lo harías con un amigo que está pasando por un momento difícil. Sé comprensivo y perdona tus errores y defectos.

3. Usa afirmaciones positivas: crea una lista de afirmaciones positivas que te resulten familiares. Repite estas afirmaciones a diario para reforzar una mentalidad positiva.

4. Celebra las pequeñas victorias: reconoce y celebra tus logros, sin importar lo pequeños que sean. Esta práctica ayuda a generar impulso y confianza.

Cómo superar los errores del pasado

Si ya cometiste el error de hablarte a ti mismo de forma negativa, debes reconocer que puedes cambiar las cosas. A continuación, se indican algunos pasos para superar este hábito:

1. Busca apoyo: habla con un mentor, un maestro o un consejero que pueda brindarte orientación y aliento.

2. Rodéate de positividad: busca amigos y compañeros que sean positivos y te apoyen. Evita a quienes te desanimen o contribuyan a tu diálogo interno negativo.

3. Establece metas realistas: concéntrate en establecer metas alcanzables y celebrar tu progreso. Esto te ayudará a generar confianza y una sensación de logro.

4. Sal de tu zona de confort: acepta nuevos desafíos para demostrar tu capacidad y resiliencia.

Cómo prevenir errores futuros

Para evitar hablarte a ti mismo de forma negativa en el futuro, practica la autocompasión, háblate a ti mismo con amabilidad y desafía los pensamientos negativos con afirmaciones positivas. Reconoce que todos cometemos errores y que el fracaso es parte del aprendizaje y el crecimiento. Concéntrate en tus logros y progreso, y rodéate de personas positivas y que te apoyen.

Herramientas para ayudarte a triunfar

Varias herramientas pueden ayudarte a priorizar el diálogo interno positivo y generar confianza:

1. Diario: escribe tus pensamientos y sentimientos en un diario. Escribir tus pensamientos negativos puede ayudarte a desafiarlos y reformularlos en afirmaciones positivas.

2. Prácticas de atención plena: la meditación de atención plena y otras técnicas de relajación pueden ayudarte a ser más consciente de tus pensamientos negativos y aprender a abordarlos con autocompasión.

3. Ejercicios de gratitud: los ejercicios diarios de gratitud pueden ayudarte a concentrarte en los aspectos positivos de tu vida y combatir el pesimismo y las dudas sobre ti mismo.

4. Tarjetas de afirmación positiva: crea o usa tarjetas de afirmación positiva para recordarte tus fortalezas y tu potencial.

5. Comunidad de apoyo: busca una comunidad de apoyo de pares, mentores o consejeros que puedan alentarte y brindarte refuerzo positivo.

Ejemplo real de cómo superar el diálogo interno negativo

Conoce a Sarah: un viaje hacia la autocompasión

Sarah, que luchaba contra el diálogo interno negativo sobre sus habilidades matemáticas, decidió tomar medidas para cambiar su mentalidad.

1. Reconocer pensamientos negativos:

Situación: después de recibir otra mala calificación en matemáticas, Sarah se sorprendió pensando: "Soy terrible en esto".

Desafío: cuestionó este pensamiento y se preguntó: "¿Es cierto que soy terrible en matemáticas o solo necesito más práctica y ayuda?".

2. Reformulación y afirmaciones positivas:

Reformulación: Sarah comenzó a reformular sus pensamientos. En lugar de decir: "Soy terrible en matemáticas", se dijo a sí misma: "Puedo mejorar con práctica y ayuda".

Afirmaciones: comenzó a usar afirmaciones positivas a diario, como: "Soy capaz de aprender y mejorar en matemáticas".

3. Buscar apoyo y practicar la autocompasión:

Apoyo: Sarah habló con su profesor de matemáticas sobre sus dificultades y recibió ayuda y recursos adicionales.

Autocompasión: practicó la autocompasión, recordándose a sí misma que luchar con una materia no define su valor y que sigue siendo valiosa y capaz.

4. Mejor mentalidad y desempeño:

Resultado: con el tiempo, la mentalidad de Sarah cambió. Se volvió más segura de sus habilidades y vio una mejora en sus calificaciones de matemáticas.

Crecimiento: al abordar su diálogo interno negativo, Sarah aprendió a abordar los desafíos de manera positiva y resiliente.

Consejo n.º 1

Este es mi mayor consejo para superar las dudas sobre uno mismo y generar confianza en el futuro: practique la autocompasión, háblese a sí mismo con amabilidad y desafíe los pensamientos negativos con afirmaciones positivas. Como estudiante de secundaria o preparatoria, todavía está creciendo y aprendiendo, y se espera que experimente dudas sobre sí mismo y sentimientos de fracaso. Sin embargo, la forma en que se habla a sí mismo y los pensamientos que alberga afectan en gran medida su confianza y autoestima.

La autocompasión le permite ser amable y comprensivo con usted mismo, especialmente durante los momentos difíciles. Hablarse a uno mismo con amabilidad significa usar un lenguaje positivo y alentador cuando se habla a uno mismo. Desafiar los pensamientos negativos con afirmaciones positivas implica reemplazar los pensamientos negativos con afirmaciones positivas y empoderadoras sobre uno mismo y sus habilidades.

Si sigue estos consejos, podrá superar las dudas sobre uno mismo y sentar las bases para una mentalidad más positiva y segura en el futuro. Si practica la autocompasión, se habla con amabilidad a sí mismo y usa afirmaciones positivas, podrá cultivar una actitud más resiliente y segura que le será útil académica y personalmente. Recuerde que puede moldear su mentalidad y desarrollar su confianza para tener éxito.

Preguntas para la reflexión:

1. ¿Cómo afecta su diálogo interno a sus acciones?
2. ¿Qué patrones de pensamiento lo desafían con más frecuencia?
3. ¿Qué cambiaría si se tratara a sí mismo con más compasión?
4. ¿Cómo puede ayudar a los demás a desarrollar un diálogo interno positivo?
5. ¿Qué afirmaciones positivas resuenan con más fuerza en usted?

Resumen del capítulo

➢ Practica la autocompasión y háblate a ti mismo con amabilidad.

➢ Desafíe los pensamientos negativos con afirmaciones positivas.

➢ Reconozca que todos cometemos errores y que el fracaso es parte del aprendizaje y el crecimiento.

- ▶ Rodéese de personas positivas y que le brinden apoyo.
- ▶ Establezca metas realistas y celebre los logros, sin importar cuán pequeños sean.

A medida que aprendemos a ser más amables con nosotros mismos, también debemos ser conscientes de no pensar demasiado. Pensar demasiado puede obstaculizar nuestro progreso y generar estrés innecesario. En el próximo capítulo, exploraremos el impacto de pensar demasiado y las estrategias para superar este error común, ayudándonos a cultivar una mentalidad más equilibrada y compasiva. Siga leyendo para descubrir el poder de dejar ir y encontrar la paz en el momento presente.

CAPÍTULO SIETE

PENSAR DEMASIADO

"Cuanto más pienses demasiado, menos entenderás". - Habeeb Akande

Objetivos de aprendizaje

Después de completar este capítulo, podrás:

- ▶ Reconocer señales de pensamiento excesivo en tu vida diaria
- ▶ Comprender la diferencia entre el análisis productivo y la rumia inútil
- ▶ Desarrollar estrategias para manejar los pensamientos excesivos
- ▶ Implementar técnicas para permanecer presente y concentrado

➠ Crear hábitos que respalden patrones de pensamiento equilibrados

Introducción

Emily mira su teléfono, analizando un mensaje de texto de su amiga durante la tercera hora. "Tal vez esté enojada conmigo", piensa, repasando cada interacción de la semana pasada. "¿"Está bien" con un punto significa que está enojada? ¿Debería haber dicho algo diferente en el almuerzo de ayer?" Mientras tanto, su tarea sigue intacta y su ansiedad continúa aumentando.

Pensar demasiado transforma las situaciones simples en problemas complejos, consumiendo energía mental e impidiendo la acción productiva. Este capítulo explora cómo reconocer cuándo el pensamiento analítico se vuelve contraproducente y cómo desarrollar estrategias para mantener una perspectiva equilibrada.

Por qué pensar demasiado es un error

Pensar demasiado te mantiene en un ciclo de pensamientos negativos y te impide tomar medidas positivas para mejorar tu situación. Cuando piensas demasiado, meditas sobre los errores del pasado y te preocupas excesivamente por el futuro, lo que solo alimenta tus sentimientos de fracaso y desesperanza. Esto puede conducir a una espiral descendente de dudas y ansiedad, lo que hace que sea aún más difícil liberarse de tu mentalidad negativa.

Reconocer patrones de pensamiento negativos

En primer lugar, es posible que muchos estudiantes no hayan desarrollado las habilidades para reconocer y desafiar los patrones de pensamiento negativos. Sin estas habilidades, es fácil caer en el hábito de sobreanalizar cada situación, lo que puede exacerbar los sentimientos de incompetencia y fracaso.

Presiones académicas y sociales

En segundo lugar, los estudiantes pueden sentirse abrumados por las presiones académicas y sociales, lo que los lleva a analizar sus errores pasados y preocuparse por su futuro de manera obsesiva. Esta presión constante puede crear un terreno fértil para pensar demasiado.

Falta de un sistema de apoyo

Por último, los estudiantes pueden carecer de un sistema de apoyo de mentores o compañeros que puedan alentarlos a practicar la atención plena y cambiar su enfoque al momento presente. Sin este apoyo, liberarse del hábito de pensar demasiado es un desafío.

Cuándo los estudiantes tienden a pensar demasiado

Los estudiantes tienden a pensar demasiado en momentos de estrés e incertidumbre, como antes de un examen importante o cuando enfrentan desafíos en sus vidas personales. Es posible que no puedan dejar de pensar en los fracasos pasados o preocuparse por lo que podría salir mal en el futuro, lo que puede afectar en gran medida su capacidad para concentrarse y rendir al máximo.

La importancia de la atención plena

Los estudiantes que luchan contra sentimientos de fracaso y pesimismo deben practicar la atención plena y concentrarse en vivir el momento presente en lugar de pensar demasiado. La atención plena implica prestar atención a los pensamientos y sentimientos sin juzgarlos y redirigir la atención al presente en lugar de dejarse atrapar por preocupaciones pasadas o futuras. Esto se puede lograr a través de prácticas como la meditación, ejercicios de respiración profunda y técnicas de conexión a tierra que lo ayuden a centrarse en el aquí y ahora.

Beneficios de la atención plena

Practicar la atención plena te ayuda a reconocer cuándo piensas demasiado y guía suavemente tus pensamientos de vuelta al presente. Esto puede aliviar los sentimientos de fracaso y de duda, reducir la ansiedad y mejorar la claridad mental. También te permite cultivar una mentalidad más positiva y equilibrada, lo que te permite afrontar los desafíos con mayor resiliencia y confianza.

Pasos prácticos para implementar la atención plena

1. Meditación diaria: Reserva unos minutos al día para sentarte tranquilamente y concentrarte en tu respiración. Esta sencilla práctica puede ayudarte a calmar tu mente y reducir la tendencia a pensar demasiado.

2. Ejercicios de respiración profunda: Cuando te des cuenta de que piensas demasiado, respira profundamente unas cuantas veces y concéntrate en la sensación de tu respiración entrando y saliendo de tu cuerpo. Esto puede ayudarte a anclarte en el momento presente.

3. Diario de gratitud: Comienza un diario de gratitud diario en el que escribas las cosas por las que estás agradecido. Esta práctica cambia tu enfoque de los pensamientos negativos a los aspectos positivos de tu vida.

4. Afirmaciones positivas: crea una lista de afirmaciones positivas que te resulten familiares. Repite estas afirmaciones a diario para reforzar una actitud positiva y contrarrestar los pensamientos negativos.

Cómo superar los errores del pasado

Si ya cometiste el error de pensar demasiado, es importante que reconozcas que puedes cambiar las cosas. A continuación, se indican algunos pasos para superar este hábito:

1. Practica la gratitud: si te concentras en aquello por lo que estás agradecido, puedes cambiar tu perspectiva y reducir la tendencia a pensar demasiado.

2. Establece metas alcanzables: divide tus metas más importantes en tareas más pequeñas y manejables. Esto te ayudará a concentrarte en el presente y reducir tu tendencia a preocuparte por el futuro.

3. Rodéate de influencias positivas: busca amigos y mentores que te apoyen y alienten. Un sistema de apoyo sólido puede ayudarte a mantenerte concentrado en el presente y a superar las dudas sobre ti mismo.

4. Celebra tus éxitos: cuando alcances una meta, por pequeña que sea, tómate el tiempo para reconocer y celebrar tu logro. Esto aumenta tu confianza y refuerza una mentalidad positiva.

Cómo prevenir errores futuros

Para evitar pensar demasiado en el futuro, practica la atención plena y vive el momento presente. Cuando te sientas pesimista o fracasado, tómate un momento para centrarte en el presente. Concéntrate en lo que puedes hacer ahora mismo para mejorar tu situación en lugar de obsesionarte con los errores del pasado o preocuparte por el futuro. La atención plena te permite tomar el control de tus pensamientos y emociones, lo que te ayuda a superar las dudas sobre ti mismo y a generar confianza.

Herramientas para ayudarte a tener éxito

Hay varias herramientas que pueden ayudarte a priorizar la atención plena y generar confianza:

1. Aplicaciones de meditación: usa aplicaciones como Headspace o Calm para guiarte en las prácticas diarias de meditación.

2. Ejercicios de respiración: practica ejercicios de respiración para calmar tu mente y reducir la ansiedad.

3. Diario de gratitud: lleva un diario de gratitud para centrarte en los aspectos positivos de tu vida.

4. Tarjetas de afirmación positiva: crea o usa tarjetas de afirmación positiva para recordarte tus fortalezas y potencial.

5. Redes de apoyo: busca amigos, familiares o mentores que puedan brindarte aliento y apoyo.

Ejemplos de la vida real de pensar demasiado

Pensar demasiado puede obstaculizar significativamente el crecimiento y el éxito personal, especialmente para los estudiantes de secundaria y preparatoria. A menudo implica concentrarse en pensamientos negativos, preocuparse excesivamente por eventos futuros y quedarse estancado en la indecisión y la duda. A continuación, se muestran algunos ejemplos de la vida real de pensar demasiado y su impacto en la vida de los estudiantes:

Ejemplo 1: Ansiedad ante los exámenes

Situación:

John es un estudiante de secundaria que siempre ha tenido un excelente desempeño académico. Sin embargo, a menudo se encuentra pensando demasiado antes de los exámenes. Le preocupa no recordar todo el material, teme leer mal las preguntas y está ansioso por lo que sus padres y maestros pensarán si no obtiene una buena calificación.

Consecuencias:

Procrastinación: John piensa demasiado y pospone sus estudios porque está muy ansioso por no obtener buenos resultados.

Ansiedad por el desempeño: el día del examen, la ansiedad de John alcanza su punto máximo y le resulta difícil concentrarse. Su mente se queda en blanco durante el examen y no obtiene el mejor desempeño que podría.

Inseguridad: después del examen, John sigue repitiendo cada respuesta en su mente, dudando de sus elecciones y convenciéndose a sí mismo de que le fue terrible, lo que afecta su confianza para exámenes futuros.

Ejemplo 2: Situaciones sociales

Escenario:

Emily es una estudiante de secundaria que piensa demasiado en las interacciones sociales. Constantemente se preocupa por decir algo incorrecto o ser juzgada por sus compañeros. Antes de cualquier evento social, repasa mentalmente numerosas conversaciones y resultados posibles, tratando de prepararse para cada escenario posible.

Consecuencias:

Evitación: Emily comienza a evitar los eventos sociales porque la idea de todo lo que podría salir mal la abruma demasiado.

Aislamiento: Su evasión conduce al aislamiento, lo que le dificulta formar amistades significativas.

Mayor ansiedad: Cuando asiste a eventos sociales, su ansiedad es tan alta que le cuesta ser ella misma, lo que refuerza su miedo a las interacciones sociales.

Ejemplo 3: Rendimiento deportivo

Escenario:

Mike es un jugador talentoso en el equipo de fútbol de su escuela. Sin embargo, tiende a pensar demasiado durante los juegos. Le preocupa cometer errores, decepcionar a su equipo y lo que el entrenador pensará de su desempeño.

Consecuencias:

Vacilación: el exceso de pensamiento de Mike lo hace dudar durante los momentos cruciales del juego, lo que hace que pierda oportunidades de anotar o defender.

Disfrute menos: la preocupación constante y la autocrítica hacen que el juego sea menos agradable para él, convirtiendo lo que debería ser una actividad divertida en una experiencia estresante.

Disminución del rendimiento: su rendimiento comienza a disminuir porque está tan concentrado en no cometer errores que se olvida de jugar de manera instintiva y con confianza.

Ejemplo 4: Planificación del futuro

Escenario:

Sophia es una estudiante de secundaria de alto rendimiento que comienza a pensar en la universidad. Piensa demasiado en cada decisión relacionada con su futuro, desde a qué universidades postularse, qué importancia elegir y cómo sus elecciones afectarán su carrera y su vida.

Consecuencias:

Parálisis por análisis: Sophia pasa tanto tiempo analizando y sobreanalizando cada resultado posible que le cuesta tomar decisiones.

Plazos incumplidos: su incapacidad para tomar decisiones hace que no cumpla con los plazos de solicitud y no obtenga oportunidades.

Estrés y agotamiento: la preocupación constante y el exceso de pensamiento de Sophia le provocan un estrés y un agotamiento importantes, que afectan su rendimiento académico y su salud mental.

Cómo superar el exceso de pensamiento

Superar el exceso de pensamiento implica varias estrategias que pueden ayudar a los estudiantes a romper el ciclo de preocupación e indecisión:

1. Atención plena y meditación:

Práctica: realice ejercicios de atención plena y meditación para ayudar a calmar la mente y concentrarse en el momento presente.

Beneficios: estas prácticas pueden reducir la ansiedad y ayudar a los estudiantes a ser más conscientes de sus pensamientos sin quedar atrapados en ellos.

2. Establecer objetivos realistas:
Pequeños pasos: divida las tareas grandes en pasos más pequeños y manejables para evitar sentirse abrumado.

Enfoque: concéntrese en lograr un paso a la vez, lo que puede reducir la tendencia a pensar demasiado en todo el proceso.

3. Afirmaciones positivas:

Estímulo: utiliza afirmaciones positivas para generar confianza y reducir el diálogo interno negativo.

Refuerzo: recuerda periódicamente tus fortalezas y éxitos pasados para contrarrestar el exceso de pensamiento.

4. Busca apoyo:

Habla con alguien: comparte tus preocupaciones con un amigo de confianza, un familiar o un consejero que pueda brindarte perspectiva y apoyo.

Comunidad: rodéate de influencias positivas que puedan ayudarte a mantenerte centrado y con los pies en la tierra.

5. Limita la sobrecarga de información:

Filtra la información: sé selectivo con la información que consumes, especialmente en relación con las decisiones y la planificación futura.

Simplifica tus opciones: simplifica tus opciones para evitar sentirte abrumado por demasiadas opciones.

Consejo n.º 1

Mi mayor consejo para los estudiantes de secundaria y preparatoria que se sienten pesimistas y fracasados es que practiquen la atención plena y vivan el momento presente. Es fácil dejarse llevar por pensamientos negativos sobre el futuro, pero concentrarse en el presente puede superar las dudas sobre uno mismo y generar confianza.

La atención plena consiste en estar completamente presente y consciente de tus pensamientos, sentimientos y entorno. Al practicar la atención plena, puedes ser más consciente de los patrones de pensamiento negativos y aprender a redirigirlos de manera positiva. Esto puede ayudarte a superar los sentimientos de fracaso y pesimismo y a generar confianza en tu capacidad para triunfar en el futuro.

Practicar la atención plena es importante porque puede ayudarte a liberarte del ciclo de pensamientos negativos y dudas sobre ti mismo. Al concentrarte en el momento presente, puedes aprender a apreciar lo que tienes y ser más consciente de tus oportunidades. Esto puede ayudarte a generar la confianza para superar obstáculos y alcanzar tus metas.

Te animo a que pongas en práctica lo que has aprendido en este capítulo dedicando unos minutos cada día a practicar la atención plena. Puedes empezar simplemente respirando profundamente unas cuantas veces y concentrándote en las sensaciones de tu cuerpo. Con el tiempo, puedes incorporar prácticas de atención plena a tu rutina diaria y observar cómo tus dudas sobre ti mismo disminuyen y tu confianza aumenta. Recuerda, el momento presente es el único momento que realmente tenemos, y al vivir de manera consciente, puedes aprender a superar el pesimismo y construir un futuro más brillante para ti.

Preguntas de reflexión:

1. ¿Cómo afecta el pensamiento excesivo a tu vida diaria?
2. ¿Qué situaciones desencadenan un análisis excesivo?
3. ¿Qué estrategias te ayudan a volver al momento presente?
4. ¿Cómo podría beneficiar a tus relaciones limitar el pensamiento excesivo?
5. ¿Qué cambiaría si te comprometieras a actuar en lugar de analizar?

Resumen del capítulo

▷ Practica la atención plena y vive el momento presente.

➤ Conéctate al presente cuando te sientas pesimista o fracasado.

➤ Concéntrese en mejorar su situación actual en lugar de quedarse pensando en el pasado o preocuparse por el futuro.

➤ La atención plena puede ayudar a superar las dudas sobre uno mismo y generar confianza.

➤ Aprenda a acallar las voces negativas y concéntrese en los aspectos positivos de la vida.

Pensar demasiado puede afectar significativamente la vida de un estudiante, lo que genera ansiedad, postergación y oportunidades perdidas. Al reconocer los patrones de pensamiento excesivo e implementar estrategias para manejarlo, los estudiantes pueden liberarse del ciclo de preocupación e indecisión. Este cambio puede conducir a un mejor desempeño, una mejor salud mental y un enfoque más positivo y seguro de la vida.

Ahora que hemos hablado de la importancia de vivir en el momento presente, debemos abordar el error común de permitir que el miedo nos impida alcanzar nuestro verdadero potencial. Al comprender cómo el miedo puede limitarnos, podemos trabajar para superarlo y lograr nuestras metas. Siga leyendo para aprender a vencer sus miedos y tomar el control de su futuro.

CAPÍTULO OCHO

DEJAR QUE EL MIEDO TE DETENGA

"El miedo no tiene por objeto detenerte. Tiene por objeto hacerte detenerte, planificar y proceder con mayor conciencia". - Desconocido

Objetivos de aprendizaje

Después de completar este capítulo, podrás:

- ▶▶ Identificar los diferentes tipos de miedo y su impacto en el crecimiento personal
- ▶▶ Comprender la diferencia entre miedos protectores y limitantes

▶ Desarrollar estrategias para enfrentar y manejar los miedos

▶ Implementar técnicas para desarrollar el coraje

▶ Crear planes de acción que apoyen el avance a pesar de los miedos

Introducción

Samuel se encuentra detrás del escenario en el concurso de talentos de la escuela, con el corazón acelerado. Durante meses, ha practicado su interpretación de guitarra, recibiendo el aliento de su profesor de música y su familia. Sin embargo, a medida que se acerca el momento de subir al escenario, el miedo amenaza con abrumarlo. "¿Qué pasa si cometo un error? ¿Qué pasa si todos se ríen? Tal vez debería irme a casa". Sus manos tiemblan mientras contempla alejarse de una oportunidad con la que ha soñado durante años.

El miedo es un mecanismo de protección natural, pero cuando permitimos que dicte nuestras decisiones, se convierte en una barrera para el crecimiento y el logro. Este capítulo explora cómo reconocer cuándo el miedo nos frena y desarrollar el coraje para seguir adelante a pesar de nuestras ansiedades.

Por qué permitir que el miedo te frene es un error

Permitir que el miedo dicte tus acciones te impide alcanzar tu máximo potencial y experimentar las muchas oportunidades de la vida. Al permitir que el miedo te controle, te limitas y te pierdes experiencias valiosas y el crecimiento personal.

Mentalidad fija

En primer lugar, los estudiantes pueden tener una mentalidad fija, creyendo que sus habilidades e inteligencia son inmutables. Esto puede llevar a un miedo a correr riesgos y salir de su zona de confort, ya que pueden creer que el fracaso es inevitable.

Fracasos pasados

En segundo lugar, los estudiantes pueden haber experimentado fracasos o reveses pasados que han reforzado sus creencias negativas sobre sí mismos, alimentando aún más su miedo a correr riesgos. Presiones sociales

Por último, las presiones sociales y las comparaciones con sus compañeros también pueden contribuir a su falta de confianza y miedo al fracaso.

Cuando los estudiantes cometen este error

Los estudiantes tienden a cometer el error de permitir que el miedo los detenga cuando se enfrentan a desafíos u oportunidades de crecimiento. Ya sea que intenten ingresar a un equipo deportivo, hablen en clase o persigan una nueva pasión, su miedo puede impedirles tomar las medidas necesarias para alcanzar sus metas y desarrollar su potencial.

La importancia de enfrentar los miedos y tomar riesgos

En lugar de permitir que el miedo los detenga, los estudiantes deben concentrarse en desarrollar su confianza y superar las dudas sobre sí mismos. Esto se puede lograr a través de varias estrategias, como establecer metas pequeñas y alcanzables, buscar mentores y modelos a seguir y reformular sus creencias negativas sobre sí mismos. Al enfrentar sus miedos y tomar riesgos, pueden desarrollar resiliencia y una mentalidad de crecimiento, allanando en última instancia el camino hacia el éxito y la realización personal.

Desarrollar la confianza

Asumir riesgos y enfrentar los miedos ayuda a desarrollar la confianza. Cada vez que sales de tu zona de confort y tienes éxito, refuerzas la creencia de que eres capaz y resiliente.

Crecimiento personal

Al enfrentar los desafíos de frente, te abres a nuevas experiencias y oportunidades para el crecimiento personal. Esto te ayuda a desarrollar confianza y te prepara para manejar desafíos futuros con mayor facilidad.

Pasos prácticos para enfrentar los miedos

1. Identifica tus miedos: identifica los miedos y las dudas que te frenan. Escríbelos y reflexiona sobre cómo afectan tus acciones y decisiones.

2. Establece metas alcanzables: divide tus metas más grandes en pasos más pequeños y manejables. Esto hará que sea más fácil dar el primer paso y generar impulso a medida que alcanzas cada meta pequeña.

3. Busca apoyo: busca adultos, mentores o compañeros de confianza que puedan brindarte orientación y aliento. Su apoyo puede ayudarte a sentirte más seguro para asumir riesgos.

4. Reformula los pensamientos negativos: cuestiona las creencias negativas sobre ti y reformúlalas de forma más positiva. Por ejemplo, en lugar de pensar: "Voy a fracasar", recuerda: "El fracaso es parte del aprendizaje y el crecimiento".

Cómo superar los errores del pasado

Si ya has permitido que el miedo te frene, es importante reconocer que nunca es demasiado tarde para cambiar las cosas. A continuación, se indican algunos pasos para superar este hábito:

1. Únete a nuevas actividades: participa en clubes, deportes o actividades extracurriculares que te interesen. Esto te ayudará a desarrollar confianza y a conocer gente nueva.

2. Asume roles de liderazgo: ofrécete como voluntario para ocupar puestos de liderazgo en proyectos escolares u organizaciones comunitarias. Esto te desafía a dar un paso adelante y desarrollar nuevas habilidades.

3. Encuentra un mentor: busca un mentor que pueda guiarte y apoyarte mientras trabajas para superar tus miedos.

4. Celebra las pequeñas victorias: reconoce y celebra tus logros, sin importar cuán pequeños sean. Esto refuerza el comportamiento positivo y genera confianza.

Prevención de errores futuros

Comprométete a enfrentar tus miedos y tomar riesgos para evitar que el miedo te frene en el futuro. Reconoce que el fracaso es una parte natural del aprendizaje y el crecimiento y que tomar riesgos es esencial para el éxito personal y académico.

Herramientas para ayudarte a tener éxito

Varias herramientas pueden ayudarte a enfrentar tus miedos y generar confianza:

1. Atención plena y meditación: practica la atención plena y la meditación para manejar los pensamientos y emociones negativos y mejorar la autoconciencia y la concentración.

2. Hablar positivamente con uno mismo: usa afirmaciones positivas y automotivación para reconfigurar tu mentalidad y desarrollar la confianza en ti mismo.

3. Establecer objetivos: establece objetivos realistas y alcanzables que te den una sensación de dirección y propósito y te ayuden a sentirte realizado.

4. Buscar apoyo: rodéate de personas positivas y comprensivas que puedan brindarte aliento y orientación.

5. Recursos de desarrollo personal: utiliza libros de autoayuda, podcasts y cursos en línea para adquirir conocimientos y habilidades que aumenten tu confianza y te ayuden a superar las dudas sobre ti mismo.

Consejo n.º 1

Mi mayor consejo para superar las dudas sobre ti mismo y desarrollar la confianza en ti mismo es enfrentar tus miedos y tomar riesgos. Es natural sentirse inseguro y tener miedo al fracaso, pero permitir que estos sentimientos te paralicen solo obstaculizará tu potencial de éxito.

Enfrentar tus miedos y tomar riesgos es esencial porque te permite liberarte del ciclo de pensamiento negativo y dudas sobre ti mismo. Tomar riesgos significa salir de tu zona de confort y abrirte a nuevas oportunidades y experiencias. Esto puede llevarte al crecimiento personal, a una mayor confianza en ti mismo y a una comprensión más profunda de tus capacidades y potencial.

Te animo a que actúes en función de lo que has aprendido en este capítulo. Comienza por identificar los miedos y las dudas que te frenan y haz un esfuerzo consciente para enfrentarlos. Esfuérzate por tomar riesgos calculados, ya sea al probar suerte en un equipo deportivo, alzar la mano en clase o buscar un nuevo pasatiempo. Cada pequeño riesgo que tomes aumentará tu confianza y resiliencia, lo que en última instancia te llevará a una perspectiva más positiva de tus habilidades y tu futuro. Recuerda, está bien sentir miedo, pero no dejes que eso te impida alcanzar tu máximo potencial. Tienes el poder de superar las dudas sobre ti mismo y generar confianza en el futuro.

Preguntas de reflexión:

1. ¿Cómo ha influido el miedo en tus decisiones?
2. ¿Qué tipos de miedo te afectan de manera más significativa?
3. ¿Qué oportunidades has perdido debido al miedo?
4. ¿Cómo podría cambiar tu vida si tuvieras más coraje?
5. ¿Qué apoyo necesitas para enfrentar tus miedos?

Resumen del capítulo

▶ Enfrenta tus miedos y asume riesgos.

▶ Supera las dudas sobre ti mismo y gana confianza.

▶ Está bien fallar; levántate y sigue avanzando.

▶ Cree en ti mismo y asume riesgos.

▶ Alcanza lo desconocido.

A medida que enfrentas valientemente tus miedos y asumes riesgos, es importante establecer límites claros para ti y para los demás. En el siguiente capítulo, exploraremos el error de no establecer límites y el impacto que puede tener en tus relaciones personales y profesionales. Comprender la importancia de este tema es crucial para seguir creciendo y prosperando. Sigue leyendo para conocer información valiosa sobre este aspecto esencial del autocuidado.

CAPÍTULO NUEVE
NO PONER LÍMITES

"Los límites son las líneas que trazamos para marcar los límites de quienes somos. Protegen nuestro tiempo, energía y sentido de identidad". - Brené Brown

Objetivos de aprendizaje

Después de completar este capítulo, podrá:

- ▶ Comprender la importancia fundamental de los límites personales
- ▶ Reconocer situaciones que requieren el establecimiento de límites
- ▶ Desarrollar estrategias efectivas para establecer límites

▷ Implementar técnicas para mantener límites de manera respetuosa

▷ Crear sistemas para proteger su tiempo y energía

Introducción

Amanda se destaca académicamente y participa en numerosas actividades extracurriculares. Cuando sus compañeros de clase le piden repetidamente que complete sus tareas, ella acepta a pesar de su abrumadora agenda. Su deseo de ayudar a los demás y el miedo a decepcionarlos la hacen sacrificar su bienestar. Como resultado, sus calificaciones comienzan a bajar, sus niveles de estrés aumentan y su pasión por aprender disminuye.

Establecer y mantener límites saludables es fundamental para el bienestar personal y el éxito sostenible. Este capítulo explora cómo establecer límites apropiados mientras se mantienen relaciones positivas y se alcanzan objetivos.

Por qué no establecer límites es un error

No establecer límites puede ser un gran error para estos estudiantes. En primer lugar, puede generar sentimientos de agotamiento y agobio. Cuando no estableces límites, estás constantemente diciendo que sí a todo y a todos, lo que puede dejarte exhausto y agotado. Esto puede contribuir aún más a los sentimientos de fracaso y pesimismo mientras luchas por mantenerte al día con todas tus demandas de tiempo y energía.

Agotamiento y agobio

Sin límites, puedes comprometerte demasiado con varias actividades y obligaciones, lo que lleva al agotamiento. Este agotamiento puede afectar negativamente tu desempeño académico y tu bienestar personal.

Descuidar el cuidado personal

En segundo lugar, no establecer límites puede hacer que priorizar tu bienestar y tu salud mental sea un desafío. Cuando constantemente dices que sí a los demás, puedes descuidar tus necesidades y sentirte peor contigo mismo. Esto puede llevar a una espiral descendente de dudas y falta de confianza en uno mismo.

Relaciones tóxicas

Por último, no establecer límites puede dar lugar a relaciones tóxicas y dinámicas poco saludables. Sin límites claros, es fácil que los demás se aprovechen de ti y te pongan en situaciones que no son las mejores para ti. Esto puede erosionar aún más tu autoestima y hacer que superar los sentimientos de fracaso y pesimismo sea aún más difícil.

Cuando los estudiantes cometen este error

Los estudiantes de secundaria y preparatoria que son pesimistas y se sienten fracasados tienden a cometer este error cuando están desesperados por sentirse aceptados y queridos. Pueden tener miedo al rechazo y creer que decir no los hará desagradables o los marginará. Este miedo puede llevarlos a complacer a los demás y esforzarse por complacer a los demás a costa de sí mismos.

La importancia de establecer límites saludables

En lugar de permitir que los abrumen y se aprovechen de ellos, estos estudiantes deben centrarse en establecer límites saludables en sus relaciones y actividades. Esto significa aprender a decir no cuando algo no se alinea con sus valores o prioridades y establecer límites a su tiempo y energía. También significa rodearse de personas que respeten sus límites y apoyen su bienestar.

Recuperar el control

Al establecer límites, los estudiantes pueden recuperar el control de sus vidas y desarrollar la confianza que necesitan para superar sus sentimientos de fracaso y pesimismo. Esto ayuda a crear un estilo de vida más equilibrado y satisfactorio.

Desarrollar la autoestima

Establecer límites demuestra que se valora a sí mismo y a su tiempo. Ayuda a desarrollar el respeto y la autoestima, lo que es crucial para superar las dudas sobre uno mismo y desarrollar la confianza.

Pasos prácticos para implementar límites

1. Evalúe sus compromisos: evalúe sus actividades y relaciones actuales. Identifique cuáles son agotadoras y cuáles son satisfactorias.

2. Aprenda a decir no: practique decir no a los compromisos que no favorezcan su bienestar o no se alineen con sus objetivos.

3. Establezca límites de tiempo: asigne horarios específicos para las actividades y respételos. Esto ayuda a evitar el exceso de compromisos y garantiza que tenga tiempo para el cuidado personal.

4. Comuníquese con claridad: sea firme y claro al establecer límites con los demás. Explique sus límites y las razones detrás de ellos.

Cómo superar los errores del pasado

Si ya ha cometido el error de no establecer límites, es importante reconocer que nunca es demasiado tarde para cambiar. A continuación, se indican algunos pasos para superar este hábito:

1. Busque apoyo: hable con un adulto, mentor o consejero de confianza sobre sus dificultades para establecer límites. Ellos pueden ofrecerle orientación y apoyo.

2. Practique el autocuidado: haga del autocuidado una prioridad. Programe un tiempo regular para actividades que lo rejuvenezcan y lo llenen.

3. Reevalúe las relaciones: rodéese de personas que respeten sus límites y apoyen su bienestar.

4. Reflexione sobre el progreso: reflexione regularmente sobre su progreso en el establecimiento y mantenimiento de límites. Ajústelos según sea necesario para asegurarse de que sigan siendo útiles.

Prevención de errores futuros

Comprométase a priorizar su bienestar para evitar el error de no establecer límites en el futuro. Reconozca que establecer límites es una forma de respeto por uno mismo y es esencial para mantener una vida saludable y equilibrada.

Herramientas para ayudarlo a tener éxito

Varias herramientas pueden ayudarlo a establecer y mantener límites saludables:

1. Libros sobre el establecimiento de límites: lea libros sobre el establecimiento de límites para obtener conocimientos y estrategias. Algunos ejemplos son "Boundaries" del Dr. Henry Cloud y el Dr. John Townsend.

2. Aplicaciones de gestión del tiempo: utiliza aplicaciones como Trello o Todoist para gestionar tus compromisos y asegurarte de tener tiempo para el cuidado personal.

3. Rutinas de cuidado personal: desarrolla una rutina de cuidado personal que incluya ejercicio, meditación y pasatiempos.

4. Grupos de apoyo: únete a grupos de apoyo o comunidades en línea para compartir experiencias y aprender de los demás.

5. Terapia: considera hablar con un terapeuta para resolver cualquier problema subyacente relacionado con el establecimiento de límites.

Consejo n.º 1

Este es mi consejo más extenso para superar las dudas sobre ti mismo y generar confianza: establece límites saludables en tus relaciones y actividades. Es esencial reconocer que tus errores o defectos pasados no determinan tu valor. Al establecer límites saludables, puedes protegerte de las influencias tóxicas y crear un entorno positivo para el crecimiento personal. Rodéate de amigos y mentores que te apoyen, te animen y te motiven, y participa en actividades que te aporten alegría y satisfacción.

Establecer límites saludables es fundamental para tu bienestar mental y emocional. Te ayudará a desarrollar confianza y respeto por ti mismo y te permitirá concentrarte en tus fortalezas y aspiraciones. No temas decir no a las personas o actividades que te quitan energía y autoestima. Si priorizas tu bienestar, puedes crear una mentalidad positiva y superar las dudas sobre ti mismo.

Actúa según lo que has aprendido en este capítulo reflexionando sobre tus relaciones y actividades actuales. ¿Hay alguna que te haga sentir inadecuado o que traiga negatividad a tu vida? Haz un esfuerzo consciente para establecer límites que protejan tu autoestima y promuevan el crecimiento personal. Rodéate de positividad y aliento, y cree en tu capacidad para superar los desafíos y alcanzar el éxito.

Preguntas de reflexión:

1. ¿En qué áreas necesitas límites más fuertes?
2. ¿Cómo han afectado los límites débiles a tu bienestar?
3. ¿Qué desafíos enfrentas al establecer límites?
4. ¿Cómo pueden mejorar tu vida los límites sólidos?
5. ¿Qué apoyo necesitas para mantener los límites?

Resumen del capítulo

▶▶ Establecer límites saludables es crucial para el bienestar mental y emocional.

▶▶ Rodéate de personas que te animen y te apoyen.

▶▶ Participa en actividades que te brinden alegría y satisfacción.

▶▶ Prioriza tu bienestar y felicidad.

▶▶ Crea confianza y evita las dudas sobre ti mismo estableciendo límites.

Establecer límites saludables es tan importante como ser consciente de las influencias de las que nos rodeamos. En el siguiente capítulo, exploraremos el error de rodearnos de influencias negativas y el impacto que puede tener en nuestras relaciones y nuestro bienestar. Mantente atento para descubrir cómo sortear este error común y crear un entorno más positivo y solidario.

CAPÍTULO DIEZ

RODEARSE DE INFLUENCIAS NEGATIVAS

"La gente negativa siempre intentará hundirte. Rodéate de gente que te anime." Zig Ziglar

Objetivos de aprendizaje

Después de completar este capítulo, usted podrá:

▷ Reconocer el impacto de las influencias sociales en el desarrollo personal

▷ Identificar las características de las relaciones positivas y negativas

▷ Desarrollar estrategias para cultivar amistades de apoyo

▷ Implementar técnicas para manejar relaciones desafiantes

▷ Crear entornos que fomenten el crecimiento y el éxito

Introducción

Las calificaciones de Olivia comenzaron a decaer en su segundo año, coincidiendo con un cambio en su círculo social. Sus nuevos amigos se saltaban clases con regularidad, desestimaban el rendimiento académico y ridiculizaban a los estudiantes que participaban en las actividades escolares. Aunque reconoció los cambios negativos en su comportamiento y actitud, a Olivia le preocupaba que distanciarse de estos amigos la dejara aislada. Este conflicto interno entre el crecimiento personal y la aceptación social representa un desafío común para muchos estudiantes.

Nuestro entorno social influye profundamente en nuestra mentalidad, decisiones y oportunidades futuras. Este capítulo explora el reconocimiento de influencias negativas y la creación de relaciones que respalden el crecimiento y el logro personal.

Por qué rodearse de influencias negativas es un error

Rodearse de influencias negativas es un error porque refuerza sus sentimientos y actitudes negativas. Si ya se siente pesimista y fracasado, estar cerca de personas que comparten esos sentimientos solo empeorará las cosas. En cambio, buscar amistades positivas y que le brinden apoyo puede animarlo y ayudarlo a ver su potencial.

Reforzar las creencias negativas

Cuando se relaciona constantemente con influencias negativas, internaliza su pesimismo y sus dudas sobre sí mismo. Esto puede profundizar sus sentimientos de incompetencia y fracaso, lo que dificulta liberarse de estos patrones de pensamiento destructivos.

Disminuir la autoestima

Las influencias negativas pueden erosionar la autoestima al resaltar constantemente los defectos y los fracasos. También pueden impedir que las personas vean sus fortalezas y logros, lo que lleva a un ciclo de autocrítica y baja autoestima.

Obstaculización del crecimiento personal

Las influencias negativas pueden disuadirlo de tomar riesgos, probar cosas nuevas y perseguir sus metas. Esto puede sofocar su crecimiento personal y evitar que alcance su máximo potencial.

Por qué los estudiantes cometen este error

Hay tres razones por las que los estudiantes de secundaria y preparatoria que son pesimistas y se sienten fracasados tienden a cometer este error.

Sentirse indigno

Sentirse mal consigo mismo puede llevarlo a creer que las influencias negativas son todo lo que merece. Esta mentalidad puede atraparlo en relaciones poco saludables y evitar que busque mejores conexiones.

Falta de conciencia

Es posible que no se dé cuenta del impacto que las influencias negativas tienen sobre usted. No siempre es fácil ver cómo sus amigos y compañeros afectan su mentalidad, especialmente cuando ya se siente deprimido.

Miedo al rechazo

Puede que sientas que no tienes otras opciones. Cuando te sientes fracasado, puede resultar difícil imaginar que hay mejores amistades esperándote. El miedo al rechazo puede hacer que te quedes con relaciones conocidas pero negativas.

Cuando los estudiantes cometen este error

Los estudiantes tienden a rodearse de influencias negativas cuando se sienten deprimidos. Cuando ya te sientes pesimista y fracasado, es fácil buscar conexiones que refuercen esos sentimientos en lugar de desafiarlos.

Qué hacer en cambio

Busca amistades positivas y que te brinden apoyo

Busca personas que te animen, que te ayuden a ver lo bueno en ti mismo y en el mundo que te rodea. Rodéate de personas que crean en ti y te alienten a ser tu mejor versión. Las amistades positivas y que te brinden apoyo pueden inspirarte a alcanzar tu máximo potencial y proporcionarte un amortiguador contra los desafíos de la vida.

Pasos prácticos para encontrar amistades positivas

1. Únase a clubes y actividades: únase a clubes o actividades extracurriculares para conocer personas con ideas afines que compartan sus intereses y valores.

2. Asista a eventos comunitarios: participe en eventos comunitarios o haga trabajo voluntario para conectarse con modelos a seguir y mentores positivos.

3. Esté abierto a nuevas amistades: intente conectarse con nuevas personas y esté dispuesto a dejar atrás las relaciones tóxicas que lo deprimen.

4. Busque grupos de apoyo: únase a grupos de apoyo o sesiones de asesoramiento para crear una red de personas positivas y comprensivas.

Consecuencias de rodearse de influencias negativas

El error de rodearse de influencias negativas puede tener consecuencias terribles que arruinen la vida. Refuerza los sentimientos de inutilidad, baja autoestima y falta de motivación. Esta mentalidad negativa puede moldear toda su perspectiva de la vida, lo que lleva a perder oportunidades y a no aprovechar su potencial.

Oportunidades perdidas

Las influencias negativas pueden desanimarlo a buscar nuevas oportunidades, lo que lleva a una falta de crecimiento personal y académico. Esto puede tener efectos a largo plazo en su éxito y felicidad futuros.

Impacto en la salud mental

La exposición constante a la negatividad puede afectar su salud mental y provocar ansiedad, depresión y otros problemas emocionales. Esto puede hacer que liberarse del ciclo de negatividad sea aún más difícil.

Soluciones típicas que no funcionan

Muchos estudiantes de secundaria y preparatoria que se sienten fracasados intentan superar estas dificultades buscando la validación de los demás, comparándose con sus compañeros o intentando superar sus expectativas. Sin embargo, estas soluciones no abordan la causa raíz de su pesimismo y baja autoestima.

Búsqueda de validación

Buscar la validación de los demás crea una dependencia de la aprobación externa, lo que refuerza la creencia de que los demás determinan su valor.

Compararse con los compañeros

Compararse con los demás puede perpetuar sentimientos de incompetencia, ya que siempre puede encontrar a alguien que parezca tener un mejor desempeño que usted.

Superar sus expectativas

Superar sus expectativas para demostrar su valía puede provocar agotamiento y agotamiento, lo que dañará aún más su autoestima.

La mejor manera de evitar este error

En lugar de eso, busque amistades positivas y que le brinden apoyo. Las personas de las que se rodea afectan en gran medida su mentalidad y su perspectiva de la vida. Los amigos positivos y comprensivos te animarán, te animarán y te ayudarán a ver lo bueno que hay en ti. Te desafiarán a crecer y te impulsarán a alcanzar tu máximo potencial.

Ejemplos del mundo real

1. Unirse a un equipo deportivo: únete a un equipo deportivo que enfatice el trabajo en equipo y el refuerzo positivo.
2. Participar en clubes escolares: participa en clubes que se centren en actividades positivas, como el servicio comunitario o las artes creativas.

3. Encontrar un mentor: busca un mentor que pueda guiar y apoyar tu vida personal y académica.

4. Participar en comunidades positivas en línea: únete a comunidades en línea que promuevan la positividad y el crecimiento personal.

Cómo corregir el error si ya lo has cometido

Si te rodean influencias negativas y te sientes como un fracaso, no es demasiado tarde para cambiar las cosas. Estos son los pasos para corregir este error:

1. Unirse a actividades positivas: participa en clubes u organizaciones que se centren en actividades positivas o en el servicio comunitario.

2. Busque un mentor: busque un mentor o un modelo a seguir que pueda brindarle orientación y apoyo.

3. Participe en actividades inspiradoras: participe en actividades extracurriculares que lo inspiren y motiven.

4. Construya relaciones positivas: busque relaciones positivas con maestros u otros adultos que puedan brindarle aliento y orientación.

Cómo prevenir errores futuros

Para evitar cometer este error en el futuro, busque intencionalmente amistades positivas y que lo apoyen. Rodéese de amigos que lo alienten y lo apoyen. Estas amistades lo animarán e inspirarán a esforzarse por alcanzar el éxito y superar los obstáculos.

Herramientas para ayudarlo a tener éxito

Varias herramientas pueden ayudarlo a evitar influencias negativas y buscar amistades positivas:

1. Atención plena y meditación: practique la atención plena y la meditación para mejorar la autoconciencia y controlar los pensamientos negativos.

2. Afirmaciones positivas: use afirmaciones positivas para reconfigurar su mentalidad y aumentar la confianza en sí mismo.

3. Establecer metas: Establezca metas realistas y alcanzables para proporcionar una sensación de dirección y logro.

4. Grupos de apoyo: Únase a grupos de apoyo o sesiones de asesoramiento para construir una red de influencias positivas.

5. Diarios de gratitud: Lleve un diario de gratitud para cambiar el enfoque de la negatividad a la apreciación.

Consejo n.º 1

Este es mi consejo más extenso: en lugar de sucumbir al pesimismo y la duda sobre uno mismo, busque amistades positivas y que le brinden apoyo. Rodearte de influencias negativas solo puede mantener sentimientos de fracaso y desesperanza. Si buscas amistades positivas y que te brinden apoyo, estarás rodeado de personas que te animarán y te animarán en lugar de desanimarte. Estos amigos te inspirarán a asumir nuevos desafíos, te apoyarán en los momentos difíciles y te ayudarán a ver tu potencial.

Preguntas de reflexión:

1. ¿Cómo afectan tus relaciones actuales a tus metas?

2. ¿Qué relaciones favorecen tu crecimiento de forma más eficaz?

3. ¿Qué cambios mejorarían tu entorno social?

4. ¿Cómo puedes contribuir positivamente al crecimiento de los demás?

5. ¿Qué apoyo necesitas para mantener relaciones positivas?

Resumen del capítulo

❯❯ Busca amistades positivas y que te brinden apoyo.

❯❯ Evita las influencias negativas.

❯❯ Rodéate de amigos que te alienten y te apoyen.

❯❯ Elige amigos que tengan una perspectiva positiva de la vida.

❯❯ La compañía que frecuentas afecta significativamente tu mentalidad y tu éxito futuro.

Como hemos hablado de la importancia de buscar amistades positivas y que te brinden apoyo, también es fundamental reconocer el papel de la gratitud en el mantenimiento de relaciones saludables. En el capítulo adicional, exploraremos el error de la falta de gratitud y su impacto en nuestras amistades y nuestro bienestar general. La gratitud es una piedra angular de las conexiones significativas, por lo que te animo a que sigas leyendo para aprender más sobre su importancia.

CAPÍTULO ONCE

EXTRA: FALTA DE GRATITUD

"La gratitud convierte lo que tenemos en suficiente". - Melody Beattie

Objetivos de aprendizaje

Después de completar este capítulo, podrá:

▷ Comprender el papel fundamental de la gratitud en el desarrollo personal

▷ Reconocer oportunidades para expresar agradecimiento en la vida diaria

▷ Desarrollar prácticas de gratitud sostenibles

⏩ Implementar técnicas para profundizar la gratitud

⏩ Crear hábitos que fomenten una satisfacción duradera

Introducción

Dejé la gratitud para el final porque es la piedra angular de Rise Above. Pensemos en Katherine, que se destacó académicamente y participó en numerosas actividades extracurriculares, pero que siempre se centró en lo que le faltaba en lugar de en lo que había logrado. A pesar de obtener excelentes calificaciones, se concentraba en los pocos puntos que no había logrado en lugar de celebrar sus éxitos. Cuando sus amigos recibían reconocimiento, se sentía disminuida en lugar de inspirada. Su incapacidad para apreciar sus circunstancias y logros le impedía experimentar una satisfacción y alegría genuinas por sus logros.

La gratitud sirve como un elemento fundamental para el crecimiento y la satisfacción personal. Este capítulo explora cómo el desarrollo de la gratitud mejora nuestras experiencias y relaciones a la vez que crea un marco positivo para el éxito futuro.

Comprender la gratitud

La gratitud representa más que cortesía o apreciación temporal. Abarca un reconocimiento más profundo del valor de nuestras experiencias, relaciones y oportunidades. Esta perspectiva transforma la forma en que vemos los desafíos y los logros a la vez que mejora nuestra capacidad de alegría y resiliencia.

Ignorar los problemas

La gratitud no debe utilizarse para ignorar o descartar problemas y desafíos legítimos. Es importante reconocer y abordar los problemas y encontrar aspectos de la vida que se puedan apreciar.

Falta de constancia

Practicar la gratitud de manera inconsistente puede generar beneficios mínimos. Para que sea eficaz, la gratitud debe ser una práctica regular e intencional.

Por qué los estudiantes cometen este error

Hay algunas razones por las que los estudiantes de secundaria y preparatoria que son pesimistas y se sienten fracasados tienen dificultades para practicar la gratitud de manera efectiva.

1. Influencia de los compañeros: los adolescentes están muy influenciados por sus compañeros. Puede ser fácil caer en la misma mentalidad si están rodeados de influencias negativas que refuerzan constantemente el pesimismo y el fracaso. Esto puede incluir amigos que se quejan continuamente o menosprecian a los demás o incluso personas influyentes en las redes sociales que promueven una perspectiva negativa de la vida.

2. Diálogo interno negativo: Muchos estudiantes se expresan negativamente, se menosprecian constantemente y se centran en sus fracasos percibidos. Esto puede llevar a una falta de gratitud por los aspectos positivos de sus vidas, ya que quedan cegados por su negatividad.

3. Presión de la escuela y la sociedad: Las presiones de la escuela y la sociedad también pueden contribuir a la falta de gratitud. Los estudiantes suelen estar bajo una inmensa presión para tener éxito académico y social. Cuando sienten que no están cumpliendo con estas expectativas, puede ser fácil que los consuman sentimientos de fracaso.

Cuando los estudiantes cometen este error

Los estudiantes de secundaria y preparatoria tienden a cometer este error durante momentos de mucho estrés, como exámenes, eventos sociales o cuando enfrentan desafíos en sus vidas personales. Estos momentos los hacen más susceptibles a la influencia de personas y pensamientos negativos, lo que lleva a una falta de gratitud por los aspectos positivos de sus vidas.

Qué hacer en su lugar

Practicar la gratitud genuina

En lugar de rodearse de influencias negativas y caer en un patrón de pesimismo y sentirse fracasado, los estudiantes deben practicar la gratitud genuina por los aspectos positivos de sus vidas. Deben buscar influencias positivas, como amigos que los animen y los apoyen o mentores que puedan brindarles orientación y aliento. Al practicar la gratitud y concentrarse en las cosas buenas de sus vidas, los estudiantes pueden cambiar su mentalidad hacia una perspectiva más positiva y esperanzadora.

Pasos prácticos para cultivar la gratitud genuina

1. Diario de gratitud: lleve un diario en el que escriba tres cosas por las que esté realmente agradecido. Reflexione sobre por qué está agradecido por estas cosas y cómo impactan positivamente en su vida.

2. Reflexión consciente: dedique unos minutos cada día a concentrarse en los aspectos positivos de su vida. Esto puede ayudarlo a internalizar sentimientos de gratitud y aprecio.

3. Expresar gratitud a los demás: tómese el tiempo para agradecer a las personas que han impactado positivamente en su vida. Expresar gratitud a los demás puede fortalecer tus relaciones y mejorar tus propios sentimientos de gratitud.

4. Entorno positivo: rodéate de influencias positivas. Interactúa con amigos, familiares y mentores que te alienten y te animen.

Consecuencias de no practicar la gratitud

No practicar la gratitud por los aspectos positivos de tu vida puede llevarte a una espiral descendente de pensamientos negativos, baja autoestima y oportunidades perdidas. Cuando te concentras constantemente en los aspectos negativos de tu vida, pierdes la oportunidad de ver las cosas buenas que suceden a tu alrededor. Esto puede llevarte a la desesperanza y la desesperación, lo que dificulta ver un camino hacia adelante.

Las consecuencias son mucho peores de lo que crees. Rodearte de influencias negativas puede llevarte a una falta de motivación, un bajo rendimiento académico y una mentalidad negativa que puede seguirte hasta la edad adulta. Puedes pensar que ser pesimista y sentirte un fracasado es solo una fase de la que te irás alejando, pero puede moldear toda tu perspectiva de la vida.

Soluciones típicas que no funcionan

Muchos estudiantes de secundaria y preparatoria intentan estas soluciones cuando se sienten pesimistas y les gustan los fracasos. Sin embargo, rodearte de influencias negativas no es una buena solución para sentirte un fracasado. Esto solo perpetúa la mentalidad negativa y puede llevar a sentimientos de incompetencia y desesperanza. Buscar la validación de los demás, compararse con los pares o esforzarse más para demostrar su valía no abordan la causa raíz de su pesimismo y baja autoestima.

La mejor manera de evitar este error

En cambio, practique la gratitud por los aspectos positivos de su vida. Rodearse de influencias negativas solo reforzará los sentimientos de pesimismo y fracaso. Practicar la gratitud ayuda a cambiar su enfoque de lo negativo a lo positivo. Cuando practica la gratitud, entrena su mente para ver lo bueno en cada situación y apreciar las bendiciones de su vida. Esta mentalidad positiva puede ayudarlo a superar los sentimientos de pesimismo y fracaso.

Ejemplos del mundo real

1. Frasco de gratitud: cree un frasco de gratitud donde escriba las cosas por las que está agradecido en pequeños trozos de papel y colóquelos en el frasco. Cuando te sientas deprimido, tómate un tiempo para recordar las cosas positivas de tu vida.

2. Redes sociales positivas: sigue cuentas de redes sociales que promuevan la positividad y la inspiración. Esto puede ayudar a contrarrestar la negatividad que puedes encontrar en línea.

3. Voluntariado: participa en trabajo voluntario o servicio comunitario. Ayudar a los demás puede darte un sentido de propósito y resaltar el impacto positivo que puedes tener en el mundo.

4. Modelos a seguir positivos: busca modelos a seguir positivos y mentores que encarnen la gratitud y una mentalidad positiva. Rodéate de su influencia y aprende de su ejemplo.

Cómo corregir el error si ya lo has cometido

No es demasiado tarde para cambiar las cosas si ya has cometido este error. Estos son los pasos para corregirlo:

1. Práctica de gratitud: comienza un diario de gratitud y escribe tres cosas por las que estás agradecido todos los días.

2. Influencias positivas: busca modelos a seguir positivos y mentores que puedan brindarte orientación y apoyo.

3. Expresa gratitud: tómate el tiempo para agradecer a las personas que han tenido un impacto positivo en tu vida.

4. Reflexión consciente: dedica unos minutos cada día a la reflexión consciente, centrándote en los aspectos positivos de tu vida.

Cómo prevenir errores futuros

Para evitar cometer este error en el futuro, busca intencionalmente amistades positivas y que te brinden apoyo. Rodéate de amigos que te alienten y te apoyen. Estas amistades te animarán e inspirarán a luchar por el éxito y superar los obstáculos. Practicar la gratitud por los aspectos positivos de tu vida puede cambiar tu mentalidad y ayudarte a ver el mundo desde una perspectiva más positiva.

Herramientas para ayudarte a tener éxito

Existen herramientas específicas que los estudiantes de secundaria y preparatoria que son pesimistas y les gustan los fracasos pueden usar para evitar el error de rodearse de influencias negativas en el futuro. Aquí hay cinco herramientas específicas para ayudarte con este problema:

1. Diario de gratitud: comienza cada día escribiendo tres cosas por las que estás agradecido. Esto te ayudará a cambiar tu enfoque de la negatividad a la positividad.

2. Afirmaciones positivas: escribe y repite declaraciones positivas sobre ti y tus habilidades. Esto ayudará a reprogramar tu cerebro para pensar de manera más positiva.

3. Rodéate de personas positivas: busca amigos y mentores con una perspectiva positiva de la vida. Su energía positiva puede ayudarte a levantarte el ánimo.

4. Limita el consumo de noticias y redes sociales: tómate descansos de las redes sociales y limita tu exposición a noticias negativas. Esto puede ayudarte a evitar estar rodeado de negatividad.

5. Practica la atención plena: participa en prácticas de atención plena, como meditación o ejercicios de respiración profunda. Esto puede ayudarte a mantenerte presente y concentrado en los aspectos positivos de tu vida.

Ejemplos de gratitud en la vida real

La gratitud es una herramienta poderosa que puede transformar nuestra mentalidad y mejorar nuestro bienestar general. Practicar la gratitud nos ayuda a centrarnos en los aspectos positivos de nuestra vida, fomentando una sensación de satisfacción y felicidad. A continuación, se muestran algunos ejemplos de la vida real de cómo La gratitud puede marcar una diferencia significativa en la vida de los estudiantes de secundaria y preparatoria:

Ejemplo 1: Alivio del estrés académico

Situación:

María es una estudiante de secundaria que a menudo se siente abrumada por su carga de trabajo académico. Le cuesta mantenerse positiva y motivada entre las tareas, los proyectos y las actividades extracurriculares.

Practicando la gratitud:

Diario de gratitud diario: María comenzó a llevar un diario de gratitud, anotando tres cosas por las que está agradecida todos los días. Pueden ser cosas simples como un día soleado, una palabra amable de un maestro o un momento divertido con amigos.

Cambio de perspectiva: A medida que continúa con esta práctica, María nota un cambio en su perspectiva. Comienza a centrarse más en los aspectos positivos de su día, lo que ayuda a reducir su estrés y mejorar su estado de ánimo en general.

Impacto:

Mejora de la salud mental: María se siente menos ansiosa por su carga de trabajo y más capaz de manejar sus responsabilidades.

Mayor motivación: Su enfoque en la gratitud aumenta su motivación para completar sus tareas y esforzarse por alcanzar el éxito.

Ejemplo 2: Mejorar las relaciones

Escenario:

Jake es un estudiante de secundaria que se siente desconectado de sus compañeros. A menudo le preocupa encajar y le cuesta hacer amigos.

Practicar la gratitud:

Expresar agradecimiento: Jake decide expresar gratitud a sus compañeros y maestros. Comienza agradeciendo a un compañero que lo ayuda con una tarea difícil y escribiendo una nota de agradecimiento a su maestro.

Establecer conexiones: Al mostrar agradecimiento, Jake comienza a establecer conexiones más sólidas con sus compañeros. Ellos responden positivamente a su gratitud, lo que lo ayuda a sentirse más incluido y valorado.

Impacto:

Habilidades sociales mejoradas: Jake se siente más cómodo interactuando con los demás y haciendo nuevos amigos.

Relaciones mejoradas: Sus relaciones con compañeros y maestros mejoran, lo que crea un entorno escolar más solidario y positivo.

Ejemplo 3: Cómo afrontar los desafíos personales

Situación:

Emma es una estudiante de secundaria que enfrenta desafíos personales en su hogar. Sus padres se están divorciando y ella se siente abrumada por los cambios en la dinámica familiar.

Practicar la gratitud:

Encontrar el lado positivo: Para ayudar a afrontar sus sentimientos, Emma comienza una práctica de gratitud. Busca el lado positivo de su situación, como el apoyo de sus amigos o el tiempo de calidad que pasa con cada uno de sus padres individualmente.

Cartas de gratitud: Escribe cartas de gratitud a sus padres, expresando su agradecimiento por su amor y apoyo a pesar de las circunstancias difíciles.

Impacto:

Resiliencia emocional: El enfoque de Emma en la gratitud la ayuda a desarrollar resiliencia emocional, lo que le permite afrontar mejor los cambios en su familia.

Mentalidad positiva: Su práctica de gratitud cambia su mentalidad de centrarse en los aspectos negativos a apreciar los aspectos positivos de su vida.

Ejemplo 4: Aumentar la autoestima

Situación:

Liam es un estudiante de secundaria que tiene problemas de autoestima. A menudo se siente inadecuado y se compara con sus compañeros, lo que afecta su confianza.

Practicar la gratitud:

Gratitud por uno mismo: Liam comienza a practicar la gratitud por sus propias fortalezas y logros. Cada noche, escribe algo que hizo bien o algo que le gusta de sí mismo.

Afirmaciones positivas: También incorpora afirmaciones positivas en su rutina diaria, recordándose a sí mismo su valor y sus capacidades.

Impacto:

Mayor autoestima: El enfoque de Liam en sus fortalezas ayuda a aumentar su autoestima y confianza.

Reducción de las comparaciones: Al apreciar sus cualidades únicas, Liam reduce el impacto negativo de compararse con los demás.

Cómo cultivar la gratitud

La práctica de la gratitud se puede integrar en la vida diaria a través de acciones simples y constantes:

1. Diarios de gratitud:

Entradas diarias: Escribe tres cosas por las que estás agradecido cada día. Esta práctica te ayuda a cambiar tu enfoque de los pensamientos negativos a los positivos.

Escritura reflexiva: Reflexiona sobre las razones detrás de tu gratitud y cómo estos aspectos positivos impactan tu vida.

2. Cartas de gratitud:

Expresar agradecimiento: Escribe cartas a las personas que aprecias, expresando tu gratitud por su apoyo y amabilidad.

Establecer conexiones: Comparte estas cartas con los destinatarios para fortalecer tus relaciones y fomentar un sentido de conexión.

3. Prácticas de atención plena:

Estar presente: Practica la atención plena para permanecer presente y apreciar plenamente los momentos positivos de tu vida.

Meditación de gratitud: Incorpora la gratitud a tu práctica de meditación concentrándote en las cosas por las que estás agradecido.

4. Actos de bondad:

Ayudar a los demás: Realice actos de bondad para expresar gratitud por las cosas buenas de su vida y devolver el favor.

Voluntariado: Ofrézcase como voluntario en su comunidad para obtener perspectiva y apreciación de los aspectos positivos de su propia vida.

Ejemplos de la vida real de práctica de la gratitud ilustran su poderoso impacto en la vida de los estudiantes. Al incorporar la gratitud en las rutinas diarias, los estudiantes pueden mejorar su salud mental, fortalecer las relaciones, desarrollar resiliencia emocional y aumentar la autoestima.

Practicar la gratitud ayuda a cambiar el foco de los pensamientos negativos a los positivos, fomentando una perspectiva más optimista y satisfactoria de la vida.

Consejo n.° 1

Este es mi mayor consejo para los estudiantes de secundaria y preparatoria que son pesimistas y les gusta darse por vencidos: en lugar de centrarse en los aspectos negativos de su vida, practiquen la gratitud por las cosas positivas. Puede parecer simple, pero este cambio de mentalidad puede marcar una gran diferencia en cómo se perciben a sí mismos y sus circunstancias.

Preguntas de reflexión:

1. ¿Cómo influye la gratitud en su experiencia diaria?
2. ¿Qué áreas de la vida merecen más reconocimiento?
3. ¿Cómo podría afectar una mayor gratitud a sus relaciones?
4. ¿Qué le impide practicar la gratitud con regularidad?
5. ¿Cómo puede mantener la gratitud durante los desafíos?

Resumen del capítulo

- ⯈ Practica la gratitud por los aspectos positivos de tu vida.
- ⯈ Rodéate de influencias positivas.
- ⯈ Cambia tu mentalidad centrándote en lo bueno y expresando gratitud.
- ⯈ Elige rodearte de personas que te animen y apoyen tus objetivos.
- ⯈ Busque oportunidades que le brinden alegría y satisfacción.

Al cerrar el capítulo sobre la práctica de la gratitud, también debemos abordar el error de centrarse únicamente en los resultados. En ocasiones, obsesionarse con los resultados puede obstaculizar nuestra capacidad de apreciar el camino recorrido y las lecciones aprendidas. Exploremos cómo aceptar el proceso puede llevarnos a una vida más plena y significativa.

REFLEXIONES FINALES

Adoptar estas diez estrategias y practicar la gratitud puede fortalecer significativamente tu mentalidad y ayudarte a afrontar los desafíos de la escuela secundaria y preparatoria con confianza. Recuerda, tu camino es único. Si te concentras en tu crecimiento, adoptas una actitud positiva y buscas apoyo cuando lo necesites, podrás superar las dudas sobre ti mismo y construir un futuro brillante y satisfactorio. Crea en ti mismo y en las posibilidades ilimitadas que te esperan.

Adoptar estas diez estrategias y practicar la gratitud puede fortalecer significativamente tu mentalidad y ayudarte a afrontar los desafíos de la escuela secundaria y preparatoria con confianza. Recuerda, tu viaje es único. Si te concentras en tu crecimiento, adoptas la positividad y buscas apoyo cuando lo necesites, podrás superar las dudas sobre ti mismo y construir un futuro brillante y satisfactorio. Cree en ti mismo y en las posibilidades ilimitadas que te esperan.

CONCLUSIÓN

¡Felicitaciones! Has llegado al final de Rise Above: Ten Ways to Strengthen Your Mindset as a Teenager. Espero que te sientas empoderado y listo para enfrentarte al mundo. Acabas de aprender a superar las dudas sobre ti mismo, generar confianza, desafiar los pensamientos negativos y reformularlos en positivos. El viaje hacia una mayor confianza en ti mismo y autoestima comienza desde adentro, y has dado el primer paso hacia una vida más positiva y satisfactoria.

Como adolescente, enfrentar desafíos y sentir que no estás a la altura es normal. Puede que sientas que eres un fracasado o que nunca serás lo suficientemente bueno, pero déjame decirte que esos pensamientos negativos no son más que mentiras. Tienes dentro de ti el poder de superar esos sentimientos y convertirte en la mejor versión de ti mismo.

Al cerrar este libro, te animo a que pongas en práctica los consejos prácticos, trucos y sugerencias que has aprendido a lo largo de sus páginas. No dejes que este conocimiento se quede en tu mente, ponlo en práctica. Cuando te des cuenta de que tienes pensamientos negativos, desafíalos. Conviértelos en afirmaciones positivas. Recuerda tus puntos fuertes y todas las cosas fantásticas que has logrado. Tienes mucho potencial y es hora de empezar a creer en ti mismo.

Ahora es el momento de salir de tu zona de confort y afrontar los problemas de la vida de frente. Toma riesgos, establece metas y trabaja para alcanzarlas. Recuerda que el fracaso no es el final, es una lección.

Con una mentalidad fuerte y la actitud correcta, puedes aprender y crecer a partir de tus fracasos.

Rodéate de influencias positivas (amigos, familia, mentores) que te animen y te motiven a ser la mejor versión de ti mismo. Busca oportunidades para aprender y crecer, y nunca dejes de creer en tus habilidades. Tienes dentro de ti el poder para alcanzar la grandeza.

A mis compañeros adolescentes, los insto a que tomen lo que han aprendido y lo pongan en práctica. Crean en ustedes mismos, desafíen sus pensamientos negativos y superen cualquier obstáculo que se les presente. Tienen la fuerza y la resiliencia para superar cualquier cosa. Es hora de abrazar su potencial y vivir la vida que siempre han soñado.

No eres un fracaso. Eres capaz, talentoso y digno de tener éxito. Sal y muéstrale al mundo lo increíble que eres. Creo en ti y no puedo esperar a ver las cosas increíbles que lograrás.

Ahora, sal y conquista. Tu viaje hacia una mentalidad positiva y una vida exitosa comienza ahora. ¡Tú puedes!

GLOSARIO DE RISE ABOVE

Diez maneras de fortalecer tu mentalidad como adolescente:

1. Afirmaciones: declaraciones positivas que ayudan a desafiar los pensamientos de autosabotaje y refuerzan una autoimagen más positiva. Las afirmaciones son vitales para superar el diálogo interno negativo y fomentar la creencia en las propias fortalezas.

2. Creencia en uno mismo: confianza en las propias habilidades y criterio.

3. Coraje: la capacidad de enfrentar el miedo, la incertidumbre y la intimidación. El coraje es esencial cuando se trata de la duda sobre uno mismo, ya que motiva a las personas a salir de sus zonas de confort, tomar riesgos y, en última instancia, demostrar sus capacidades.

4. Empatía: la capacidad de comprender y compartir los sentimientos de los demás, fomentando conexiones y relaciones más profundas.

5. Empoderamiento: el proceso de ganar confianza y fuerza para tomar el control de la propia vida y las propias decisiones. Implica reconocer las propias capacidades y recursos, establecer límites y reforzar el sentido de autoestima persiguiendo activamente objetivos y superando obstáculos.

6. Enfrentar los miedos: Enfrentar y trabajar activamente los miedos para reducir la ansiedad e impulsar el crecimiento personal. Enfrentar los miedos es esencial para superar las limitaciones y ganar seguridad en uno mismo.

7. Gratitud: Reconocer y apreciar los aspectos positivos de la vida. Practicar la gratitud ayuda a las personas a cambiar el foco de atención de lo que falta a lo que abunda, fomentando una mentalidad más optimista.

8. Mentalidad de crecimiento: La creencia de que las habilidades y la inteligencia se pueden desarrollar a través del trabajo duro y la dedicación. Una mentalidad de crecimiento alienta a las personas a aceptar los desafíos y ver los fracasos como oportunidades de aprendizaje y crecimiento.

9. Optimismo: Tener una perspectiva positiva de la vida y esperar buenos resultados. El optimismo ayuda a las personas a ver oportunidades de crecimiento y mejora incluso cuando enfrentan dudas o fracasos. Uno puede cambiar hacia una perspectiva más positiva y empoderadora cultivando el optimismo.

10. Perseverancia: la cualidad de continuar persiguiendo un curso de acción a pesar de los obstáculos o el desánimo. Es crucial para superar las dudas y el fracaso, demostrando la determinación de trabajar hacia el éxito incluso en circunstancias difíciles.

11. Pesimismo: el pesimismo es una mentalidad o actitud caracterizada por una tendencia a centrarse en los aspectos negativos de las situaciones, esperando resultados desfavorables o creyendo que es más probable que sucedan cosas malas que buenas. A menudo implica una falta de confianza en el futuro o en el potencial de resultados positivos. Los pesimistas pueden ver los desafíos como insuperables, atribuir los reveses a causas duraderas y generalizadas y luchar para ver oportunidades en las dificultades.

Si bien el pesimismo a veces puede servir como un mecanismo de protección para prepararse o evitar la decepción, el pesimismo crónico o excesivo puede obstaculizar el crecimiento personal, la toma de decisiones y las relaciones al fomentar una perspectiva derrotista.

12. Afirmaciones positivas: declaraciones constructivas que refuerzan la autoestima y las habilidades de uno mismo.

13. Diálogo interno positivo: hablarse a uno mismo de forma positiva y alentadora para contrarrestar los pensamientos negativos. El diálogo interno positivo ayuda a desviar la atención del fracaso y refuerza la confianza en uno mismo y el optimismo.

14. Practicar la gratitud: la práctica intencional de reconocer y apreciar los aspectos positivos de la vida.

15. Resiliencia: la capacidad de recuperarse de los reveses y los desafíos. La resiliencia permite a las personas perseverar ante la adversidad y mantener el impulso a pesar de los obstáculos. Implica cultivar una mentalidad positiva, aprender de los fracasos y desarrollar estrategias para afrontar los desafíos.

16. Autocompasión: tratarse a uno mismo con amabilidad y comprensión, especialmente en momentos de lucha o fracaso. La autocompasión significa ofrecerse a uno mismo el mismo cuidado que le ofreceríamos a un amigo y brindar apoyo frente a las imperfecciones. Es esencial para superar las dudas sobre uno mismo y generar una confianza duradera.

17. Duda sobre uno mismo: sentimiento de incertidumbre o falta de confianza en uno mismo y en las propias capacidades. Es la voz persistente que cuestiona nuestro valor y capacidad. Superar las dudas sobre uno mismo implica reconocer y desafiar los pensamientos negativos, desarrollar la autoestima y fortalecer la creencia en el propio potencial.

18. Superación personal: proceso continuo de desarrollo y mejora de las propias habilidades, conocimientos y carácter. La superación personal es clave para generar confianza y lograr un crecimiento personal a lo largo del tiempo.

19. Autovalidación: reconocer y aceptar los propios sentimientos, pensamientos y creencias como válidos.

20. Autoestima: sensación interna de ser lo suficientemente bueno y digno de amor, éxito y pertenencia. La autoestima no depende de la validación externa, sino de una profunda creencia en el valor inherente de uno mismo.

21. Establecer metas: el proceso de identificar objetivos específicos que alcanzar proporciona dirección y motivación. Establecer metas realistas y progresivas genera confianza y conduce a un progreso mensurable.

14. Practicar la gratitud: la práctica intencional de reconocer y apreciar los aspectos positivos de la vida.

15. Resiliencia: la capacidad de recuperarse de los reveses y los desafíos. La resiliencia permite a las personas perseverar ante la adversidad y mantener el impulso a pesar de los obstáculos. Implica cultivar una mentalidad positiva, aprender de los fracasos y desarrollar estrategias para afrontar los desafíos.

16. Autocompasión: tratarse a uno mismo con amabilidad y comprensión, especialmente en momentos de lucha o fracaso. La autocompasión significa ofrecerse a uno mismo el mismo cuidado que uno le ofrecería a un amigo y brindar apoyo frente a las imperfecciones. Es esencial para superar las dudas sobre uno mismo y generar una confianza duradera.

17. Duda sobre uno mismo: el sentimiento de incertidumbre o falta de confianza en uno mismo y en las propias habilidades. Es la voz persistente que cuestiona nuestro valor y capacidad. Superar las dudas sobre uno mismo implica reconocer y desafiar los pensamientos negativos, desarrollar la autoestima y fortalecer la creencia en el propio potencial.

18. Superación personal: proceso continuo de desarrollo y mejora de las habilidades, los conocimientos y el carácter de uno mismo. La superación

personal es clave para generar confianza y lograr un crecimiento personal con el tiempo.

19. Autovalidación: reconocer y aceptar los propios sentimientos, pensamientos y creencias como válidos.

20. Autoestima: sensación interna de ser lo suficientemente bueno y digno de amor, éxito y pertenencia. La autoestima no depende de la validación externa, sino de una creencia profunda en el valor inherente de uno mismo.

21. Fijación de objetivos: el proceso de identificar objetivos específicos a alcanzar proporciona dirección y motivación. Fijarse objetivos realistas y progresivos genera confianza y conduce a un progreso mensurable.

22. Apoyo social: la percepción y la realidad de ser atendido por otros en la red social de uno. El apoyo social puede brindar fortaleza emocional, aliento y perspectiva durante los momentos difíciles.

23. Sistema de apoyo: una red de personas que brindan apoyo emocional, instrumental o informativo en momentos de necesidad.

24. Visualización: crear mentalmente imágenes de éxito y logros para mejorar la motivación y el rendimiento. La visualización puede ayudar a las personas a generar confianza al visualizarse a sí mismas superando obstáculos.

25. Fuerza de voluntad: la fuerza para resistir las tentaciones y distracciones a corto plazo y alcanzar objetivos a largo plazo. La fuerza de voluntad es esencial para mantener el enfoque y la perseverancia frente a los desafíos.

26. Superar los reveses: esto implica usar los reveses y los fracasos como oportunidades de aprendizaje en lugar de obstáculos. Implica un enfoque

constructivo para enfrentar los desafíos y convertirlos en peldaños para el crecimiento.

Volver AD

En el desafiante entorno académico actual, los estudiantes de secundaria y preparatoria enfrentan presiones y obstáculos sin precedentes. Habiendo atravesado personalmente desafíos similares y habiendo salido de ellos con una actitud más asertiva, escribí "Rise Above: Ten Ways to Strengthen Your Mindset as a Teenager" para brindar estrategias prácticas y comprobadas para superar las dudas sobre uno mismo y generar una confianza duradera.

Como directora ejecutiva y fundadora de Cobb Global Outreach, INC., he sido testigo de primera mano del poder transformador del desarrollo de la mentalidad en la vida de los jóvenes. El compromiso de nuestra organización de brindar educación financiera y oportunidades de becas ha abierto caminos hacia el éxito para numerosos estudiantes. Sin embargo, me di cuenta de que el apoyo financiero por sí solo no es suficiente; los estudiantes necesitan estrategias integrales para desarrollar la resiliencia y la confianza necesarias para superar los obstáculos y alcanzar su máximo potencial.

Mi camino de perseverancia a través de reveses personales, incluida la recuperación de una lesión cerebral traumática, me ha brindado conocimientos únicos sobre la importancia de la mentalidad para superar la adversidad. Esta experiencia, junto con mi formación profesional y mi dedicación a la tutoría de estudiantes, me capacita para ofrecer una guía práctica que resuene con los jóvenes que enfrentan sus propios desafíos.

"Rise Above" presenta un marco integral para el desarrollo personal, ofreciendo herramientas y estrategias específicas que los estudiantes pueden implementar de inmediato. Cada capítulo aborda desafíos comunes y al mismo tiempo brinda soluciones prácticas para generar confianza, mantener la motivación y lograr un éxito sostenible. Los principios y prácticas compartidos en este libro se han perfeccionado a través de años de trabajo directo con estudiantes, lo que garantiza su relevancia y eficacia para la juventud de hoy.

Te invito a comenzar tu viaje hacia una mentalidad más fuerte y una mayor confianza. Las estrategias presentadas en "Rise Above" te ayudarán a:

- Desarrollar resiliencia para enfrentar desafíos
- Desarrollar una confianza en ti mismo duradera
- Crear sistemas de apoyo efectivos
- Mantener la motivación durante tiempos difíciles
- Lograr tus metas personales y académicas

Únete a nuestra creciente comunidad de estudiantes empoderados que transforman sus vidas a través del desarrollo de la mentalidad. Conéctate con nosotros en las redes sociales para acceder a recursos adicionales, compartir tu recorrido y participar en debates en curso sobre el crecimiento y los logros personales:

Sígueme:

- ▶ https://www.facebook.com/CGOINC
- ▶ https://www.instagram.com/cgo_inc/
- ▶ https://x.com/CGOInc3

Juntos podemos liberar tu potencial y crear el futuro que imaginas. Tu viaje hacia el éxito comienza con un solo paso: abre estas páginas y descubre el camino para superar tus desafíos.

¡Superémonos y alcancemos la grandeza juntos!

www.ingramcontent.com/pod-product-compliance
Lightning Source LLC
Chambersburg PA
CBHW061653120626
46550CB00003B/924